Jogos Teatrais

Coleção Debates
Dirigida por J. Guinsburg

Equipe de Realização – Revisão: Ingrid Dormien Koudela e Plínio Marti
Filho; Diagramação: Plínio Martins Filho; Produção: Ricardo W. Nev
Sergio Kon e Juliana Sergio.

ingrid dormien koudela

JOGOS TEATRAIS

 PERSPECTIVA

CIP-Brasil. Catalogação-na-Fonte
Sindicato Nacional dos Editores de Livros, RJ

Koudela, Ingrid Dormien
    Jogos teatrais / Ingrid Dormien Koudela. – São Paulo: Perspectiva, 2017. – (Debates ; 189 / dirigida por J. Guinsburg)

    Bibliografia
    3. reimpr. da 7. ed. de 2009
    ISBN 978-85-273-0148-0

    1. Teatro na edução 2. Teatro – Estudo e ensino I. Título. II. Série..

06-1376   CDD: 371.332

Índices para catálogo sistemático:
1. Teatro na educação : Educação   371.332

7ª edição – 3ª reimpressão
[PPD]

Direitos reservados à

EDITORA PERSPECTIVA LTDA.

Av. Brigadeiro Luís Antônio, 3025
01401-000 São Paulo SP Brasil
Telefax: (11) 3885-8388
www.editoraperspectiva.com.br

2019

SUMÁRIO

Prefácio – Tatiana Belinky	9
Apresentação	13
1. Teatro e/ou Educação?	17
2. A Função Simbólica	27
O Símbolo na Arte	30
A Evolução do Símbolo na Criança	33
3. O Jogo Teatral	41
A Evolução do Jogo	45
A Regra do Jogo	49
O Gesto Espontâneo	53
Improvisação de Cenas	57
4. Plano Experimental com Crianças e Adolescentes	69
O Projeto	69

O Objetivo com o Grupo de Crianças 71

O Processo 71

A Experiência com o Grupo de Adolescentes 80

Lista de Jogos Realizados com o Grupo de Crianças 91

Lista de Jogos Realizados com o Grupo de Adolescentes.. 92

5. Teatro para Crianças 93

Teatro Infantil na Década de 1970 93

A Oficina de Dramaturgia 100

6. Genoveva Visita a Escola ou a Galinha Assada 107

O Processo 123

A Apresentação 125

7. Caminhos do Faz-de-Conta 147

Bibliografia 153

I am he as you are he.
As you are me and we are all together

LENNON e McCARTNEY

PREFÁCIO

Com formação em Crítica pelo Setor de Teatro da ECA/ USP, onde leciona a disciplina Teatro Aplicado à Educação, Ingrid Dormien Koudela é a tradutora do livro *Improvisação para o Teatro*, da famosa especialista norte-americana Viola Spolin, que foi aqui lançado em 1979 pela Editora Perspectiva, com merecido sucesso e grande aceitação nos setores especializados. O livro, que exerceu profunda influência sobre o teatro americano de vanguarda, na década de 1960, ao se dirigir a professores, diretores de teatro (para crianças e adultos) e amadores em geral, não só nos EUA como em outros países, produziu também aqui sensível impacto sobre o nosso Teatro para Crianças, tendo sido o seu método adotado e aplicado por alguns dos melhores grupos profissionais do gênero, estimulando a criação de novos textos e chegando a caracterizar toda uma tendência.

A partir do livro de Viola Spolin, IDK desenvolveu, em 1981/1982, amplo trabalho na APTIJ (Associação Paulista de Teatro para a Infância e Juventude), através de oficinas de dramaturgia, cursos para atores, monitores e professores, palestras, mesas-redondas etc., pondo em prática aquelas teorias, apoiada na experimentação e pesquisa (comprovadas por depoimentos de crianças, adolescentes e professores), além de estudos em profundidade de extensa bibliografia.

Com essa bagagem, em 1982, IDK defendeu brilhantemente (*magna cum laude*) a sua tese de mestrado na USP: *Jogos Teatrais, um Processo de Criação*. Em sua dissertação, a autora defendeu a linha "essencialista" da Arte-Educação, demonstrando que o valor educacional da arte reside na sua natureza intrínseca, sem precisar de outras justificativas. E, fundamentada em Piaget, procurou comprovar a origem do teatro no jogo infantil, chamando a atenção para "a potencialidade do teatro no desenvolvimento intelectual, social e afetivo da criança" e para o fato de que "a Arte é um meio para a liberdade, o processo de liberação da mente humana, que é o objetivo real e último de toda educação" – e apresentando uma nova sistemática para o ensino daquela disciplina.

É interessante notar que, na época da dissertação, o nome de Viola Spolin nem sequer era conhecido no Brasil, sendo que a tese de IDK se constituiu no primeiro trabalho original brasileiro do gênero: a primeira tese em Teatro-Educação no País, *break-through* que veio conferir *status* acadêmico a um campo entre nós bastante marginalizado, até no próprio sistema de ensino – apesar da Lei na qual consta a abertura para a atividade teatral na Escola, dentro da disciplina Educação Artística. Tanto assim que o teatro é ensinado – quando é ensinado de todo – ao nível de atividade extracurricular.

Uma explicação parcial para este fato – a outra parte sendo o preconceito absurdo ainda existente nas escolas contra essa atividade – é que a maioria dos professores daquela área não está realmente habilitada para lecionar essa importantíssima disciplina. E isto porque, de modo geral, eles próprios não receberam formação adequada, já que, com exceção da ECA/USP, não existe licenciatura plena em Artes Cênicas – o que aparece de vez em quando são tentativas esparsas e oscilantes, de duração efêmera –, formando-se assim um círculo vicioso difícil de superar. A razão desta situação talvez seja o fato de que a maior parte das Faculdades que propiciam cursos de Educação Artística provenham de uma tradição de Escolas de Belas-Artes ou de Conservatórios Musicais, que obviamente oferecem licenciatura plena em Artes Plásticas e Música, mas nunca em Artes

Cênicas. No entanto, é importante enfatizar que o sistema de Jogos Teatrais até extrapola a sua utilização na escola – onde aliás a sua relevância não pode ser suficientemente encarecida – já que constituem uma proposta de renovação da própria linguagem teatral, quando se fundamenta na incorporação do jogo na representação dramática, trazendo o espontâneo para a ação de representar.

O trabalho de IDK é excelente e não poderia ser mais oportuno. E, se em 1982 tivemos ocasião de escrever que "seria muito bom se alguma Editora decidisse publicar em forma de livro a importante tese de IDK, um trabalho original brasileiro que seria sem dúvida de inestimável utilidade para todos os que, entre nós, labutam e lutam na área do Teatro para Crianças e do Teatro Infantil – este feito pelas próprias crianças – e que levam a sério a educação 'global' da Juventude" – hoje só podemos nos regozijar com a publicação, neste volume n.º 189 da Coleção Debates, da Perspectiva, daquele trabalho "de utilidade pública", para proveito de todos, profissionais ou amadores, envolvidos e engajados no Teatro para Crianças e Adolescentes.

Tatiana Belinky

O trabalho surgiu das reflexões e experiências que recolhemos no contato com os alunos de graduação e pós-graduação da Escola de Comunicações e Artes da Universidade de São Paulo e do exercício profissional como professora de teatro em escolas de primeiro e segundo grau. Lecionando "Teatro Aplicado à Educação", no Curso de Teatro da Escola de Comunicações e Artes, defrontamo-nos com uma área pioneira, que não possuía nenhuma sistematização.

A partir da necessidade de criar condições de estudo dentro do curso de graduação e pós-graduação na área, foi formado o "Grupo de Estudos em Teatro/Educação", integrado por Maria Lúcia Puppo, Sandra Chacra, Terezita Rubinstein, Maria Victoria Machado, Karen Rodrigues, Beatriz Angela Cabral Vaz, Amália Zeitel (alunos de pós-graduação), Eduardo Amos e Karin

Mellone (alunos de graduação). O primeiro trabalho realizado pelo grupo foi o levantamento dos textos editados em língua portuguesa, especializados no assunto, ou seja, os livros que se ocupam do teatro realizado com a criança, existentes no mercado. A bibliografia assim constituída foi publicada, em forma de resenhas, pela *Revista de Comunicações e Artes*, n.º 7, ano 1977, p. 190-195, e nº 8, ano 1979, p. 141-149. O levantamento da bibliografia nacional foi atualizado e está em anexo a este trabalho.

A segunda etapa da pesquisa, que teve prosseguimento com o Grupo de Estudos, foi o levantamento da bibliografia estrangeira. Esse trabalho só foi possível graças à atriz Maria Alice Vergueiro, que nos cedeu volumes e listas bibliográficas, trazidas de sua viagem aos Estados Unidos, onde participou do III Congresso Internacional de Teatro para a Infância e Juventude, em 1972.

Entre os livros pesquisados foi selecionado *Improvisation for the Theatre*, de Viola Spolin, que serviu como base para a experimentação prática com um sistema de ensino. O resultado desse trabalho foi a tradução do livro (de Eduardo Amos e minha) feita a partir da prática com os jogos teatrais, e a sua publicação, pela Editora Perspectiva (Coleção Estudos n.º 62), em 1979. Através do livro os jogos teatrais já vêm contribuindo para uma formação em teatro nos mais diversos níveis, desde a sua adoção por professores em escolas de primeiro e segundo grau até universidades, grupos amadores e profissionais.

A experimentação prática com os jogos teatrais durante os anos de 1978 e 1979 levou ainda à constituição do "Grupo Foco", que veio posteriormente integrar-se à Cooperativa Paulista de Teatro e se apresentou na Mostra de Arte da XV Bienal de São Paulo, com a montagem do texto de Madalena Freire, *Genoveva Visita a Escola ou A Galinha Assada*, originalmente um relatório de bimestre dirigido aos pais da "Escola Criarte". A coordenação desse trabalho coube a Karin Mellone.

Através de um projeto destinado ao teatro experimental pelo Serviço Nacional de Teatro, tivemos a possibilidade de trabalhar com jogos teatrais com grupos de crianças e adolescentes. Esse projeto, coordenado por Eduardo Amos e por nós, foi realizado através da organização de um curso de teatro para crianças, de 9 a 12 anos, e adolescentes, de 12 a 15 anos.

A ideia para a criação da "Oficina de Dramaturgia para Autores de Teatro Infantil" surgiu na Associação Paulista de Teatro para a Infância e Juventude, onde na época éramos coordenadores das atividades culturais, juntamente com Roberto Lage e José Roberto Marti. Para os trabalhos desenvolvidos na

Oficina foram convidados Miriam Schnaiderman (psicanalista), Luiz Roberto Negrini (professor de Português) e Roberto Lage (diretor de teatro), e participamos da orientação do processo, tendo o jogo teatral servido como base para o trabalho desenvolvido.

Finalmente tivemos a oportunidade de trabalhar com os jogos teatrais em sala de aula, no Colégio São Domingos (São Paulo), como professores de Educação Artística no primeiro grau.

Essas são as experiências que relatamos neste trabalho. As formulações apresentadas são o resultado do processo de crescimento que sofremos no contato com os numerosos grupos de trabalho que encontramos.

A preocupação em buscar uma sistemática para o ensino do teatro encontrou significado quando a devoração antropofágica do livro de Spolin abriu o caminho para a descoberta do outro.

Agradecemos ao Instituto Nacional de Artes Cênicas e à Associação Paulista de Teatro para Infância e Juventude pelo apoio que recebemos. A Sábato Magaldi, orientador da tese de mestrado, que propiciou e incentivou a realização desse trabalho. A Jacó Guinsburg, pelos muitos momentos de reflexão, a Maria Alice Vergueiro, nossa mestra, e a Ana Mae Barbosa, que nos forneceu importantes subsídios. A Eduardo Amos que, como aluno, colega e amigo, partilhou conosco muito do prazer e da inquietação provocados por esse trabalho. Ao "Grupo Foco", pela luta na procura de um caminho. A todos os amigos, parceiros de jogo.

1. TEATRO E/OU EDUCAÇÃO?

Toda proposta de Teatro-Educação se debate em torno da definição do binômio que constitui seu fundamento. Até que ponto o orientador de um grupo de crianças ou adolescentes deve encaminhar o trabalho para o lado artístico ou até que ponto o ensino artístico é de menor importância, considerando-se que está lidando em primeiro lugar com uma atividade de caráter formativo?

Elliot Eisner distingue duas categorias de justificativas para o ensino da arte que têm determinado sua função educacional. A abordagem mais difundida na história da arte-educação é designada pelo autor como "contextualista", que enfatiza as consequências instrumentais da arte na educação e utiliza as necessidades particulares dos estudantes ou da sociedade para formular seus objetivos. Dentro da orientação contextualista, alguns programas ressaltam as necessidades psicológicas das crianças na articulação de seus objetivos e outros, as necessidades sociais.

O autor opõe a esse tipo de orientação a abordagem "essencialista" da educação artística, que considera que a arte tem uma contribuição única a dar para a experiência e a cultura humanas, diferenciando-a de outros campos de estudo. Segundo os essencialistas, a arte não necessita de argumentos que justifiquem a sua presença no currículo escolar, nem de métodos de ensino estranhos à sua natureza intrínseca:

> Argumentar que a justificativa para a arte-educação reside nas contribuições que pode dar para a utilização do lazer, que auxilia o desenvolvimento da coordenação motora da criança pequena, que fornece liberação de emoções é algo que pode ser realizado por uma série de outros campos de estudo da mesma forma. O valor primeiro da arte reside, a meu ver, na contribuição única que traz para a experiência individual e para a compreensão do homem. As artes visuais lidam com um aspecto da consciência humana a que nenhum outro campo se refere: a contemplação estética da forma visual. As outras artes lidam com outras modalidades sensoriais diferentes, enquanto a ciência e as artes práticas têm outros objetivos[1].

A concepção predominante em Teatro-Educação vê a criança como um organismo em desenvolvimento, cujas potencialidades se realizam desde que seja permitido a ela desenvolver-se em um ambiente aberto à experiência. o objetivo é a livre expressão da imaginação criativa. Na visão tradicional, o teatro tinha apenas a função de preparar o espetáculo, não cuidando de formar o indivíduo.

O ensino de teatro na escola foi revolucionado a partir do movimento da Escola Nova. Ele não se refere a um só tipo de escola ou sistema didático determinado, mas a todo um conjunto de princípios tendentes a rever as formas tradicionais de ensino. No século XIX, o educador preocupava-se mais com os fins da educação do que com o processo de aprendizagem. O modelo a ser atingido era mais importante do que a criança e as leis do seu desenvolvimento. A pedagogia contemporânea leva em conta a natureza própria da criança e apela para as leis da constituição psicológica do indivíduo e de seu desenvolvimento. A ideia evolucionista do desenvolvimento infantil e o fato de que a mente da criança é qualitativamente diferente da mente adulta, desenvolvida anteriormente por Rousseau e articulada por Pestalozzi e Froebel, considera a infância como estado de

---

1. E. Eisner, *Educating Artistic Vision*. New York, Macmillan, 1972, p. 9.

finalidade intrínseca e não só como condição transitória, de preparação para a vida adulta. Institui-se assim o respeito à criança, à sua atividade pessoal, aos seus interesses e necessidades.

O trabalho e os escritos de Dewey incluem considerações sobre a função educacional de formas dramáticas na aprendizagem:

> ... a principal raiz de toda atividade educacional está nas atitudes instintivas e impulsivas da criança e não na apresentação e aplicação de material exterior, seja através de ideias de outros ou por meio dos sentidos; portanto, as atividades espontâneas da criança, como jogos, mímica etc., são passíveis de serem usados para fins educacionais, ou ainda, constituem o fundamento de métodos educacionais[2].

A educação, respeitando o desenvolvimento natural, é centrada na criança. Como consequência, contrapõe-se ao aspecto lógico dos programas de ensino o aspecto psicológico. A inclusão do trabalho livre, da atividade lúdica, a adoção dos princípios da educação pela ação abriram a possibilidade de aproveitamento das áreas artísticas no currículo escolar. Afirma Jorge Nagle[3] que as ideias da Escola Nova trouxeram a possibilidade de reformulação dos programas escolares, nova instrumentação para tornar mais eficaz o trabalho docente, a experimentação com novos órgãos e novas práticas de ensino, e principalmente a diversificação das atividades escolares, o que possibilitou a introdução na escola das atividades relacionadas com educação física, jogos educacionais, trabalhos manuais, música e canto, cinema e teatro.

A educação progressista acreditava no desenvolvimento natural da criança, sendo que o professor atuava como um guia. Isto significa, na prática, que o professor não devia ensinar teatro mas libertar a criatividade da criança, fornecendo um ambiente propiciador de iniciativas. A incorporação do modelo da Escola Nova trouxe para o primeiro plano a expressividade da criança e levou a uma compreensão e a um respeito pelo seu processo de desenvolvimento. Mas ao mesmo tempo em que ela abriu a possibilidade para a inclusão das áreas artísticas no currículo escolar, verificamos que objetivos educacionais amplos se transformam em justificativa para o ensino do teatro.

Nos livros de Winifred Ward encontramos os postulados da Escola Nova, transportados para o ensino do teatro. Apesar de

2. J. Dewey, "Educational Principles", em *The Elementary School*, (junho 1900), p. 143

3. J. Nagle, *Educação e Sociedade na Primeira República*. São Paulo, EPU/EDUSP, 1974, p. 248.

autores como Francis Parker, John Dewey e William Wirt preverem oportunidades para a expressão dramática, foi Ward quem desenvolveu os princípios e técnicas e popularizou a atividade por meio de seu trabalho na Northwestern University, e por meio de numerosos artigos e livros. Ward tem a mais volumosa contribuição em escritos no campo do *Creative Dramatics*, entre 1890 e 1970. Seu segundo livro, *Haymaking With Children*, tornou-se um texto-padrão no campo. Suas ideias tiveram impacto considerável na Inglaterra e em todo o Reino Unido, além dos Estados Unidos, onde o termo *Creative Dramatics* passou a designar todo o movimento de teatro realizado com crianças.

A orientação que a Escola Nova deu à educação teve consequências profundas para a área do Teatro-Educação, não apenas durante a década de vinte, mas durante as três décadas que se sucederam. Em sua Dissertação de Doutoramento, Piquette[4] faz uma avaliação dos dez livros publicados no campo, entre 1929 e 1960, tomando como base conceitos, objetivos e métodos originalmente propostos por Ward. Na conclusão do seu estudo, a autora indica que não existe discordância quanto à filosofia básica ou objetivos do *Creative Dramatics*.

Em *Playmaking With Children*, Ward traça as modificações que ocorreram na filosofia educacional e que abriram o caminho para a expressão criativa, com o objetivo de desenvolver a criança como um todo e não apenas o seu intelecto. Com a mudança na ênfase educacional, ocorreu uma transformação na maneira de ensinar teatro:

> Em lugar de enfatizar o produto final, os professores modernos dão maior importância ao processo. Se a peça construída pelas crianças em torno de Robin Hood é boa, tanto melhor. Isto no entanto não *é* tão importante quanto o crescimento que resulta da experiência de criar uma peça. Esta mudança de ênfase do aspecto exibicionista para o aspecto educacional fez com que o teatro se transformasse em uma disciplina do currículo escolar que tem uma contribuição valiosa para a educação[5].

Com o objetivo de convencer os professores tradicionais de que uma abordagem criativa da arte dramática não é apenas desejável mas também essencial para a criança, passou-se a negar

4. J. Piquette, "A Survey of the Contemporary Outlook Relative to the Teaching of Creative Dramatics as Evidenced in Selected Writings in the Field", 1929-1959. Dissertação de Doutoramento, Northwestern University, Illinois, 1963.

5. W. Ward, *Playmaking with Children from Kindergarden to Highschool*. N.Y., Appleton-Century-Crofts, 1957, p. 2.

os valores teatrais da atividade. De fato, especialistas na área definem títulos e termos alternativos para enfatizar a diferença entre Teatro, como arte adulta, e o jogo dramático, manifestação espontânea da criança.

Gabriel Barnfield, autor de *Creative Drama in Schools*[6] faz uma distinção entre *free drama* e *formal drama*. Afirma o autor que o *free drama* é essencialmente uma forma de expressão pessoal, enquanto o *formal drama* é uma forma pessoal de expressão artificial. O primeiro dirige-se mais ao desenvolvimento da personalidade, enquanto o segundo diz mais respeito ao desenvolvimento de habilidades (dicção e técnicas de interpretação). O *free drama* é mais vivo e intensamente genuíno. Não pode ser realizado sob comando ou ensaiado com precisão.

Brian Way faz uma distinção entre *Teatro* e *Drama*, afirmando que

> ... é por esta razão que devemos considerar novamente a diferença fundamental entre *Drama*, como um fator educacional e o teatro, como uma arte sofisticada de comunicação. O *Drama* lida com o comportamento lógico dos seres humanos, enquanto o teatro lida com a reorganização desse comportamento com o objetivo de dar uma ilusão de lógica em circunstâncias de comunicação que são muitas vezes ilógicas. Alcançar essa ilusão é tarefa do artista, seja ele produtor ou ator, e só pode ser realizada plenamente por meio do treinamento apropriado e contínua prática da arte teatral[7].

Em 1954, Peter Slade publicou o livro *Child Drama*, baseado em trabalhos experimentais, desenvolvidos durante vinte anos na Inglaterra. Sua tese é a de que existe uma arte infantil, *child art*.

Ao definir o Jogo Dramático, ele delimita o campo do teatro realizado com a criança:

> ... ao pensar em crianças, especialmente nas menores, uma distinção muito cuidadosa deve ser feita entre *drama*, no sentido amplo, e *teatro*, como é entendido pelos adultos. Teatro significa uma ocasião de entretenimento ordenado e uma experiência emocional compartilhada; há atores e público, diferenciados. Mas a criança, enquanto ainda ilibada, não sente tal diferenciação, particularmente nos primeiros anos – cada pessoa é tanto ator como auditório. Esta é a importância da palavra *drama* no seu sentido original, da palavra grega *drao* – "eu faço, eu luto". No *Drama*, isto é, no FAZER e LUTAR, a criança descobre a vida e a si mesma através de tentativas emocionais e físicas e depois através da prática repetitiva que é o jogo dramático. As experiências são pessoais

---

6. G. Barnfield, *Creative Drama in Schools*. London, Macmillan, 1968, p. 18.
7. B. Way, *Development Through Drama*. London, Longmans, 1967.

e emocionantes, e podem se desenvolver em direção a experiências de grupo. Mas nem na experiência pessoal nem na experiência de grupo existe qualquer consideração de teatro no sentido adulto, a não ser que *nós a imponhamos*[8].

Na definição de Slade, o objetivo do jogo dramático é equacionado pelas experiências pessoais e emocionais dos jogadores. O valor máximo da atividade é a espontaneidade, a ser atingida através da absorção e sinceridade durante a realização do jogo. Dentre os muitos valores do *drama* está o valor emocional, e Slade propõe que o jogo dramático forneça à criança "uma válvula de escape, uma catarse emocional"[9].

Inicialmente, os pioneiros na área focalizaram sua atenção na criança pequena, de forma que o *Creative Dramatics* ficou associado à educação na escola elementar. Muitas vezes vemos as mesmas técnicas e os mesmos objetivos sendo utilizados com adolescentes. A arte dramática e o teatro são geralmente equacionados pelo produto teatral, identificado com o modelo tradicional de espetáculo e a formação de ator com técnicas de interpretação, consideradas artificiais. Em momento nenhum encontramos uma definição mais específica da disciplina Teatro ou a discussão de princípios sobre os quais se fundamenta o seu ensino. Como decorrência, existe uma dicotomia entre teatro e manifestação espontânea. Quando o teatro é citado, ele é concebido de forma abstrata ou através da negação de modelos tradicionais, substituídos em nome do conceito genérico de criatividade.

Dicotomia e polarização de objetivos e técnicas em Teatro-Educação agravaram-se durante os últimos vinte anos, por causa das reformulações da filosofia e da psicologia educacionais, da influência das abordagens criativas do teatro realizado com a criança e da evolução do próprio teatro com sua ênfase na experimentação. Através da influência das novas ideias educacionais, caracteriza-se a postura contextualista em arte-educação, sendo que os objetivos educacionais estão ancorados na dimensão psicológica do processo de aprendizagem. Nos textos especializados sucedem-se descrições de objetivos comportamentais, que são a justificativa para a inclusão dessa área nova no currículo escolar.

A área carece da caracterização de conteúdos específicos, substituídos na maioria das vezes por objetivos educacionais

8. P. Slade, *O Jogo Dramático Infantil*. São Paulo, Summus, 1978, p. 18.
9. Op. cit., p. 43.

amplos, que poderiam ser atingidos por qualquer outro campo de estudo.

Ao analisarmos o relatório do comitê formado pela Children's Theatre Conference* do qual participaram Ward e outros especialistas na área, verificamos que o documento é falho no detalhamento da relação fundamental entre *Creative Dramatics* e a disciplina Teatro. Apesar de *Drama* ser um elemento ressaltado no termo que está sendo definido, o documento não explicita o seu significado. Embora possa ter alcançado seu intento, auxiliando na diferenciação entre *Creative Dramatics* (Teatro-Educação, teatro realizado com crianças) e *Children's Theatre* (Teatro Infantil, teatro realizado para crianças) não distingue a aprendizagem única que diferencia esta disciplina de outras. O documento define *Creative Dramatics* como uma atividade na qual:

> ... as crianças, com a orientação de um professor imaginativo criam peças ou cenas e as representam com ação ou diálogo improvisados. O objetivo é o desenvolvimento pessoal dos jogadores e não a satisfação da plateia. Cenários e figurinos são raramente usados. Quando o *Drama* informal é apresentado diante de uma plateia, é geralmente sob a forma de uma demonstração[10].

A descrição do *Creative Dramatics* sugere que se trata de um método que visa a desenvolver a personalidade por meio da improvisação de cenas e peças. Embora o comitê não especifique no que se constitui o "desenvolvimento pessoal", propõe a seguinte questão: Quais seriam os valores adquiridos pela criança através do *Creative Dramatics*, além do divertimento? As respostas, que podem ser indicativas do significado atribuído a "desenvolvimento pessoal", são as seguintes:

A. Experiência em pensar criativa e independentemente. Imaginação, iniciativa desenvolvem-se rapidamente na atmosfera criada pelo professor.
B. Prática de cooperação social.
C. Desenvolvimento da sensibilidade para relacionamentos pessoais e uma profunda simpatia humana, através da análise e do desempenho de várias personagens em situações diversas.

---

* A Children's Theatre Conference é a organização profissional que atualmente representa o teatro realizado com e para crianças. Fundada a partir de uma conferência proferida por Ward na Universidade de Northewestern em 1944, a Children's Theatre Conference é atualmente uma divisão da American Educational Theatre Association.

10. A. Viola, "Drama With and for Children: an Interpretation of Terms", *Educational Theatre Journal*, VIII, n. 2 (maio 1956), p. 139-142.

D. Liberação emocional controlada.

E. Experiências de pensamento independente, expressando ideias clara e efetivamente. O resultado de uma experiência como essa em improvisações é uma conquista de flexibilidade de corpo e voz[11].

É fácil verificar que o objetivo de desenvolvimento da personalidade é genérico. A listagem desses valores parte do pressuposto de que a fluência da expressão livre na improvisação os contêm e desenvolve. A generalidade destes objetivos e a ênfase no desenvolvimento da personalidade resulta talvez de um preconceito que ainda hoje cerca o ensino do teatro. À ideia de que a educação dramática é um treinamento para o palco, professores opõem o argumento de que na aula de teatro a criança é levada a brincar dramaticamente, sendo que o teatro aparece por acidente e jamais como um valor. É a partir da justificativa de formação integral do educando que o teatro passou a ser tolerado no currículo escolar, sem que o preconceito chegasse a ser questionado no seu fundamento.

Ann Marie Shaw denuncia a falta de clareza na definição da natureza e das metas do *Creative Dramatics*, sendo que, segundo ela, a origem deve ser buscada "na falha dos textos em lidar profundamente com a relação entre *Creative Drama* e teatro"[12]. A especificação dos objetivos educacionais e sua organização dentro de um sistema classificatório foi realizada a partir de Bloom[13]. Shaw resume as conclusões do seu estudo a respeito das necessidades do campo, analisados do ponto de vista privilegiado da Taxonomia.

> ... a Taxonomia não deixa dúvida quanto à disciplina à qual pertence o *Creative Dramatics* – o teatro. O fato de os objetivos educacionais revelarem claramente esta afinidade e ênfase não significa, no entanto, que os autores ou outros especialistas na área relacionem a razão de ser do *Creative Dramatics* e os significados que possui para a educação de crianças com o conteúdo e a metodologia da disciplina. É tempo de a área parar de descrever a si mesma através de frases vagas como uma *matéria de desenvolvimento da personalidade* ou por meio de *slogans* como o *Creative Dramatics visa à educação da criança como um todo* e começar

11. Op. cit., p. 146.

12. A.M. Shaw, "The Development of a Taxonomy of Educational Objectives in Creative Dramatics in the United States based on Selectted Writtings in the Field". Dissertação de Doutoramento, Columbia University, 1968, p. 187.

13. B. Bloom, *Taxonomy of Educational Objectives, The Classification of Educational Goals*. New York: David Mc Kay Comp. Inc., 1964.

a falar dos vários tipos de significados e maneiras de chegar a eles que ela engloba como matéria específica dentro da disciplina Teatro[14].

Karieth, ao discutir as conclusões de seu estudo para o desenvolvimento do pensamento criativo, confirmou que o orientador que possui formação e treinamento em teatro teve resultados superiores aos outros. Ele afirma que a liderança, em *Creative Dramatics*, "requer não apenas conhecimento sobre pensamento criativo mas também conhecimento de e sobre teatro. O orientador que possui experiência e conhecimento teatral limitados está em desvantagem"[15].

Siks, ao analisar termos, afirmações e processos básicos do *Creative Dramatics*, a partir de textos especializados, conclui que as autoridades fundamentam a atividade na arte do teatro, "mas nenhum dos autores fornece uma visão clara a respeito dos princípios teatrais sobre os quais se fundamenta a prática do *Creative Dramatics*"[16].

Pesquisas científicas revelam claramente que tanto ao nível da formação de professores quanto na condução do processo com a criança, torna-se necessário o detalhamento de objetivos específicos, que conduzam à operacionalização do ensino do teatro.

Originalmente, a palavra grega *dromenon* significa ação e o *drama* é a representação da ação. A diferenciação entre drama e teatro reflete na realidade a preocupação em resguardar a espontaneidade na representação. A oposição ao teatro é sempre fundamentada nos aspectos formais que o espetáculo impõe à atuação e que são exteriores à criança. O aluno que simplesmente decora um texto clássico e o espetáculo que se preocupa apenas com a produção não refletem valores educacionais, se o sujeito da representação não foi mobilizado para uma ação espontânea. Mas a visão puramente espontaneísta também corre o risco de reduzir a proposta de educação artística a objetivos meramente psicológicos, o que afasta a possibilidade de entender a arte como forma de conhecimento.

---

14. A.M. Shaw, op. cit.

15. E. Karieth, "Creative Dramatics as an Aid Developing Creative Thinking Abilities". *Paper* apresentado no Encontro sobre Experimental Research Theatre, *Educational Theatre Journal* (agosto, 1967), p. 14.

16. G. Siks, "An Appraisal of Creative Dramatics", em *Educational Theatre Journal* (dezembro, 1965), p. 331.

2. A FUNÇÃO SIMBÓLICA

Há duas formas de considerar o problema do Teatro-Educação. A primeira refere-se ao Teatro propriamente dito, como elemento de educação. De fato, como conjunto organizado de ações e transmissão de mensagens, o teatro poderá, *per se*, ministrar educação e ser agente e meio de educação.

Mas para se chegar a uma definição dos objetivos específicos do teatro no processo da educação, torna-se necessário verificar como o desenvolvimento da inteligência se relaciona com a linguagem e com o discurso.

Para analisar como a maturação psicolinguística é afetada pela imaginação dramática, é preciso levar em conta o todo da inter-relação entre pensamento e linguagem.

A imaginação dramática está no centro da criatividade humana e, assim sendo, deve estar no centro de qualquer forma de educação. A característica principal do homem, quando comparado com os primatas superiores, é sua imaginação, ou seja, sua capacidade de fazer símbolos – a representação de um objeto, evento ou situação na ausência desse.

A imaginação dramática, sendo parte fundamental no processo de desenvolvimento da inteligência, deve ser cultivada por todos os métodos modernos de educação. Piaget indica que o jogo está diretamente relacionado ao desenvolvimento do pensamento na criança. Com qualquer estrutura cognitiva (esquema) há dois processos associados: o jogo assimila a nova experiência e, então, prossegue pelo mero prazer do domínio; a imitação, relaciona-se com a experiência de modo a acomodá-la dentro da estrutura cognitiva – jogo para assimilar, imitação para acomodar. Embora a imitação e o jogo estejam diretamente relacionados com o processo de pensamento e com o desenvolvimento da cognição, a imaginação dramática é um fator-chave – é ela que interioriza os objetos e lhes confere significado.

Tradicionalmente entende-se que somente aquilo que pode ser expresso por meio da linguagem (discurso verbal) pode ser pensado. O pensamento articulado, a racionalidade, se expressa através do discurso. Langer estabelece uma diferença entre a forma discursiva e a forma apresentativa. Segundo ela, onde quer que um símbolo opere, existe significado e o reconhecimento do apresentativo amplia a concepção da racionalidade para além das fronteiras tradicionais. Se aceitarmos que a função simbólica resulta de um processo espontâneo que continua o tempo todo na mente humana, o ver abstrativo é o fundamento da nossa racionalidade. Nesse sentido, a simbolização é pré-raciocinativa mas não pré-racional. Antes de qualquer generalização ou silogismo consciente, a mente humana elabora símbolos que refletem um esforço consciente de compreensão. Enquanto que os significados fornecidos através da forma discursiva exigem o aprendizado do vocabulário e da sintaxe, o símbolo não discursivo prescinde de qualquer aprendizagem. As formas não discursivas são consideradas mais baixas do que as do discurso no sentido de que elas não exigem a intervenção do raciocínio e falam diretamente ao sentido. Enquanto que o pensamento verbal e conceitual é inicialmente exterior à criança e não pode fornecer o que foi vivido individualmente, o simbolismo lúdico, ao contrário, é elaborado pelo sujeito para seu próprio uso.

No decurso do segundo ano surge um conjunto de condutas que consistem em poder representar um significado por meio de um significante diferenciado e que só serve para essa representação. Piaget distingue cinco condutas, de aparecimento mais ou menos simultâneo e que enumera na ordem de complexidade crescente: imitação diferida, jogo simbólico ou jogo de ficção, desenho ou imagem gráfica, imagem mental e evocação verbal (linguagem).

A linguagem, ao contrário dos outros instrumentos que são elaborados pelo indivíduo à proporção de suas necessidades, já está elaborada. Ela começa a aparecer na criança ao mesmo tempo que as outras formas do pensamento simbólico. Os progressos do pensamento representativo são portanto devidos à função simbólica em conjunto. É ela que destaca o pensamento da ação e cria a representação.

Tradicionalmente, nossas escolas são escolas de leitura. Ainda hoje, a partir da pré-escola, a atividade fundamental da criança é aprender a ler e escrever. A criança em idade pré-escolar "brinca", não se atribuindo às atividades espontâneas a mesma importância e seriedade que caracterizam o ensino primário, onde a criança começa a ter "tarefas" a cumprir. A escola atribui um peso proporcionalmente maior à função de acomodação da inteligência, não conferindo a mesma dimensão à assimilação. O que se vê com frequência é que enquanto as funções intelectuais têm um progresso contínuo, na expressão artística, ao contrário, a impressão que se tem é a de um retrocesso.

O que acontece é apenas um aspecto particular desse fenômeno geral que, desgraçadamente, caracteriza os sistemas tradicionais de educação ou ensino. Do ponto de vista intelectual, a escola impõe, muito frequentemente, conhecimentos todos elaborados em lugar de estimular sua busca; mas pouco se nota isso, porque o aluno que repete simplesmente aquilo que o fizeram aprender parece apresentar rendimento positivo, sem que se suspeite de tudo aquilo que o tem preenchido – atividades espontâneas e fecundas curiosidades. Pelo contrário, no domínio artístico, em que nada vem substituir, de ordinário, tudo aquilo que a pressão adulta arrisca-se a destruir para sempre, é evidente que o problema, uma vez apresentado, comprometa todo nosso sistema usual de educação[17].

A atividade artística é periférica ao sistema escolar e lhe é atribuída a característica de "recreação", quando não é submetida a exercícios de coordenação motora. Se considerarmos que o símbolo elaborado pelo indivíduo através da imitação, do jogo, do desenho, da construção com materiais possui significado lógico, sensorial e emocional, podemos concluir que, pelo contrário, a educação artística constitui o próprio cerne

17. J. Piaget, "A Educação Artística e a Psicologia da Criança", em *Revista de Pedagogia*, jan.-jul., 1966, ano XII, vol. XII, n. 31, p. 137-139.

do processo educacional. Os instrumentos semióticos podem ser utilizados com objetivos sérios de aprendizagem e propiciar respostas altamente organizadas, que as crianças ainda não são capazes de devolver através do pensamento racional e do discurso.

O *Símbolo na Arte*

Verificamos como inicialmente o discurso não constitui meio de expressão para a criança, na medida em que o código estabelecido pela linguagem pressupõe o conhecimento de uma articulação linear e lógica que é distante do pensamento pré-operatório. Os primeiros instrumentos semióticos são elaborados pelo indivíduo em função de suas necessidades. Com o progresso da socialização, o símbolo não-discursivo pode se constituir em código comum a determinado grupo. Os sinais de trânsito, a marca das indústrias, de bancos ou casas comerciais, os emblemas, o relógio que aponta as horas, o mapa, o calendário – enfim, vivemos em uma cultura onde o símbolo visual por exemplo se constitui em códigos que orientam grande parte de nossa vida diária. Com o processo de alfabetização, a criança é introduzida a um nível ainda mais complexo de símbolos como são por exemplo as representações lógicas da matemática. Aqui torna-se necessário estabelecer uma diferenciação entre as diversas funções que o símbolo pode assumir e que se encaminham para áreas de conhecimento distintas que caracterizamos *grosso modo* como ciência e arte. Por exemplo, a representação de um triângulo é adequada e precisa. Para o sujeito que representa o triângulo, o símbolo coloca um problema, isto é, suscita uma necessidade de adaptação ao real, com acomodações ao objeto e assimilação do objeto a um sistema de relações descentradas do eu.

Pedagogicamente, a medida do valor de uma experiência está na percepção dos relacionamentos ou extensões a que conduz (indica para algo ou tem significado). Para Dewey[18], a natureza da experiência inclui um elemento ativo e um passivo. A parte ativa significa que experiência é *experimentar* (*trying*) e a passiva é *experienciar* (*undergoing*). Quando experimentamos alguma coisa agimos sobre ela e depois sofremos as consequências. É a conexão entre essas duas fases da experiência que dá a medida do seu sucesso ou valor. Mera atividade não é experiência, pois ela envolve uma mudança. E

18. J. Dewey, "Experience and Thinking", em *Democracy and Education*, Macmillan, 1944.

essa mudança só pode se processar quando a atividade é conscientemente relacionada com as consequências que provêm dela. Por exemplo, quando uma criança pequena queima o dedo, esse fato só se transforma realmente em experiência quando o movimento ocasionado pela ferida é relacionado com a dor que a criança sofre em consequência do ato. Portanto, "aprender por meio da experiência" significa o estabelecimento de um relacionamento entre antes e depois, entre aquilo que fizemos com as coisas e aquilo que sofremos como consequência. Nessas condições, fazer torna-se experimentar.

No entanto, esse princípio pedagógico não se aplica à educação artística. Ao analisarmos a especificidade do símbolo na arte, verificamos que ele não implica em consequência, nem se refere a um significado. Ao contrário, o desligamento da realidade é um fator indicativo de sua natureza. Ele tende a aparecer como que dissociado de seu ambiente. Na arte, o símbolo não é utilizado para dirigir-nos rumo a algo prático. Na medida em que a arte não pode ser reduzida a uma experiência comum, os significados que ela fornece não podem ser equiparados àqueles que são veiculados através do símbolo usual.

Para Cassirer, a arte não é mera repetição da vida e da natureza mas sim uma espécie de transformação que depende de um *ato* autônomo e específico da mente humana e que é gerado pelo poder da forma estética. A forma estética não é portanto simplesmente dada, não equivale aos dados do nosso mundo empírico imediato. Para nos tornarmos conscientes da forma estética, devemos produzi-la. É nesse sentido que Cassirer define a experiência artística como uma atitude dinâmica – tanto no artista como no espectador. Também o espectador da obra de arte não assume um papel passivo. Para contemplar e usufruir a obra, ele participa do processo de criação, repetindo e reconstruindo o processo criativo que a originou.

Se aceitarmos que a atitude estética é decorrência de uma necessidade básica do ser humano que é a versão simbólica da experiência, o caráter de distanciamento da vida corrente não significa evasão ou substituição do real por uma esfera fantasiosa mas a evocação de uma realidade na ausência de qualquer objetivo habitual.

A beleza natural de uma paisagem não é o mesmo que a sua beleza estética. Posso andar numa praia e admirar as variedades de cores do crepúsculo, o contraste das montanhas, sentir a carícia do vento, o cheiro da maresia. Tudo isso me dá prazer. Mas esse prazer ainda não é uma experiência estética. Ela se inicia quando olho para a paisagem e formo, na minha mente, um "quadro" da paisagem. Todas as qualidades da paisagem são mantidas mas os seus elementos assumem uma nova forma.

... nós temos que construir, elaborar essas formas para nos tornarmos conscientes delas, vê-las e senti-las. Esse aspecto dinâmico dá um novo significado ao aspecto material e estático. Todos os nossos estados passivos são transformados em energia ativa; as formas que conservo não são apenas meus estados mas os meus atos. É esse caráter da experiência estética que a meu ver confere à arte uma posição privilegiada na cultura humana e a torna um elemento essencial e indispensável no sistema da educação liberal. A arte é um meio para a liberdade, o processo de liberação da mente humana que é o objetivo real e último de toda educação; deve cumprir uma tarefa que lhe é própria, uma tarefa que não pode ser substituída por qualquer outra função[19].

Embora imaginar seja um processo psicológico que constitui um elemento importante na expressão artística, ele assume características diferentes de acordo com o desenvolvimento mental. A proposta de incentivar o desenvolvimento artístico da criança implica na compreensão da relação entre imagem e pensamento. Temos portanto também aqui um problema bipolar. De um lado, é preciso definir o que existe de comum entre a expressão da criança e a manifestação estética. De outro, existem diferenças que se evidenciam. Para Langer, a "arte" é a "criação de formas simbólicas do sentimento humano"[20]. Selecionamos para uso instrumental a definição de arte de Langer porque a partir dela podemos estabelecer um conceito de criatividade que provém de uma abordagem estética e não psicológica. A autora aplica à palavra "sentimento" um significado mais amplo do que aquele definido pelo vocabulário técnico de psicologia, onde apenas denota prazer ou desprazer. A significação do termo compreende sensação, sensibilidade, emoção. O significado atribuído à "forma" não se refere a padrão estilístico, mas simplesmente a aparecimento para a percepção.

Na abordagem psicológica, a expressão espontânea dos sentimentos permanece no campo da experiência real, enquanto a arte é definida como a prática de criar formas simbólicas do sentimento. O termo "expressão", na acepção puramente psicológica, significa auto-expressão, ou seja, dar vazão aos sentimentos. É a reação espontânea a uma situação real e presente, indica o estado

19. E. Cassirer, "Eidos und Eidolon. Das Problem des Schönen und der Kunst in Platons Dialogen", em *Vorträge der Bibliothek*, vol. 2 (Leipzig: B.G. Teubner, 1924), p. 1-27.

20. S. Langer, *Ensaios Filosóficos*. São Paulo: Cultrix, 1971.

físico e mental em que nos encontramos. Já na definição de arte, "expressão" refere-se ao conhecimento simbólico, que extrapola o campo da experiência real: "A expressividade da arte semelha a de um símbolo e não a de um sintoma emocional; é enquanto formulação de um sentimento para a nossa concepção que propriamente se diz de uma obra de arte que ela é expressiva"[21]. Nesse sentido, a arte não é um prolongamento da vida mas significa uma compreensão qualitativamente diferente da realidade. Segundo Langer, assim que um ato é executado sem momentânea compulsão interna, não é mais autoexpressão: é expressivo no sentido lógico. Não é mais o signo da emoção que transmite, porém um símbolo dela; em vez de completar a história natural de um sentimento, denota o sentimento e pode apenas trazê-lo à mente, até para o protagonista. Quando uma ação assume esse significado, torna-se gesto.

A Evolução do Símbolo na Criança

Após examinarmos a função do símbolo na arte, torna-se necessário verificar o seu desenvolvimento nas diversas faixas etárias, o que implica a compreensão da relação entre imagem e pensamento.

Na criança, o símbolo não está inicialmente emancipado como instrumento do próprio pensamento. É a conduta, ou o esquema sensório motor, e não a imagem ou o pensamento, que faz a vez de símbolo. Piaget descreve o início do símbolo lúdico ou faz-de-conta em sua filha:

Com L... o "faz-de-conta" ou símbolo lúdico teve início com um ano. Estava ela sentada no berço quando, sem querer, tombou para trás. Percebendo então o travesseiro, pôs-se na posição de dormir de lado, agarrando o travesseiro com uma das mãos para aplicá-lo contra o rosto. Porém, em vez de imitar a coisa meio a sério, tem estampado no rosto um riso rasgado (ela não sabe que está sendo observada). Permanece alguns momentos nessa posição, e depois senta-se, encantada. Durante o dia, reproduziu a coisa uma série de vezes, se bem que já não se encontre no seu berço: ri antecipadamente (a assinalar esse indício do símbolo representado) depois joga-se para trás, volta-se de lado, coloca as mãos sobre o rosto, como se segurasse um travesseiro (que não existe) e permanece imóvel, os olhos abertos, sorrindo silenciosamente[22].

21. Idem.
22. J. Piaget, *A Formação do Símbolo na Criança*, Rio de Janeiro: Zahar, 1975.

A criança evoca, no jogo, uma conduta na ausência de seu objetivo habitual, transformando o esquema sensório motor em esquema simbólico. O jogo reforça a passagem da representação em ato para a representação em pensamento. No exemplo acima, o fingir dormir não é mais do que um ato destacado de seu contexto – mas já constitui também um símbolo generalizável.

A ideia de que os objetos são permanentes é construída durante os primeiros dezoito meses a dois anos, por meio da atividade sensório-motora. A atividade sensório motora é tudo o que uma criança pode realizar nessa fase. Enquanto não compreende que os objetos têm uma existência independente não pode utilizar símbolos para evocar o passado ou antecipar o futuro na ausência do objeto.

No desenho, as primeiras garatujas não refletem nenhuma intenção. No início, não há expressão simbólica mas apenas exploração sensório motora de materiais. Ela exercita uma conduta, sem outra finalidade que o próprio prazer do funcionamento.

Com a aquisição da "função simbólica", a criança atinge um outro nível de funcionamento intelectual. A evocação daquilo que está ausente requer o símbolo. A representação por meio de símbolos é o meio utilizado pelo ser humano para organizar sua experiência e compreendê-la. Logo que a criança começa a utilizar o símbolo surge o comportamento que envolve essencialmente a expressão por meio de imagens. Aparece o jogo simbólico, e um pouco mais tarde, a representação gráfica e a construção com vários materiais.

A proximidade entre jogo e símbolo se evidenciam na sua gênese no ser humano. A "função simbólica" é constituída a partir do momento em que a criança representa um ato, uma ação, na ausência do seu contexto habitual. Essa representação em ato tem o significado de um primeiro distanciamento da "vida corrente" (experiência imediata). O ritual de dormir é "imitado" na ausência do seu objetivo prático. A criança realiza uma ação mimética, que constitui por assim dizer a primeira imagem, que nesse momento ainda não é mental mas exteriorizada através da ação ritualizada de dormir, que constitui o esquema sensório motor.

A primeira representação surge no momento em que a criança aciona os esquemas habituais a novos objetos, que não lhe convém do ponto de vista de seus objetivos práticos. Está implícito aí o caráter de jogo que inicia a representação. Por exemplo, uma criança vendo e agarrando um bloco sobre uma mesa começa a brincar de carrinho. Um interesse determinado é suscitado pelo objeto. Nos primeiros jogos simbólicos a assimilação domina a acomodação, ou seja, a criança assimila uma situação sem fazer a correspondente acomodação.

O símbolo é inicialmente analógico e essa analogia procede do caráter lúdico que o caracteriza. Qualquer coisa pode significar qualquer coisa e o distanciamento do nível sensório-motor é provocado por essa projeção em objetos novos para representar a experiência (o que está ausente). Por exemplo, uma criança faz de conta que uma colher deslocada com a mão atrás de um sofá é a bruxa Patativa. Para o sujeito que representa a bruxa, o objeto-símbolo não é somente o representante mas o substituto do significado. A colher torna-se por um momento a bruxa. Os objetos são utilizados com o propósito de evocação de uma realidade.

Nos estágios iniciais do jogo, a criança não se incomoda quando o símbolo expressivo que está utilizando tem pouca semelhança com o símbolo interno que está tentando expressar. Para a criança de dois anos que faz-de-conta que está dirigindo um carro, os ruídos que faz com a boca e alguns movimentos vigorosos com a direção imaginária constituem analogia suficiente. Importante é aquilo que é simbolizado e não o realismo do símbolo expressivo utilizado. Isto é tão verdadeiro quando a criança utiliza o próprio corpo como símbolo expressivo, ou quando utiliza um objeto como elemento analógico. Outra criança dá de comer à sua boneca com um pedaço de madeira que simbolizava uma colher e depois faz-de-conta que está penteando a boneca com o mesmo objeto. O pedaço de madeira pode transformar-se em seguida em carrinho e voltar a ser colher novamente.

A construção do pensamento depende não apenas da atividade da criança com os materiais mas também da sua colaboração social com outras crianças. Em *Le Jugement Moral chez l'Enfant*[23], Piaget analisa como evolui a prática e a consciência da regra do jogo na criança. Distingue dois tipos de realidades – sociais e morais. De um lado está a obrigação e o respeito unilateral que caracteriza a criança pequena. No jogo, ela não se preocupa com os parceiros e confunde sua fantasia com a universalidade. O egocentrismo é pré-social em relação à cooperação ulterior da criança de mais idade. Quanto mais jovem for a criança, menos terá consciência do seu eu. O adulto lhe impõe suas opiniões e vontades e a criança as aceita sem se dar conta. Do ponto de vista intelectual, ela mistura sua fantasia com as opiniões recebidas.

Entre os dois e os cinco anos, as crianças são conservadoras no domínio das regras. Estas são consideradas como sagradas e

23. J. Piaget, *Le Jugement Moral chez l'Enfant*, Paris: Presses Universitaires de France, 1973.

intangíveis. No exame sobre a evolução do conceito de regra na criança foram usadas três questões:

- É possível mudar as regras?
- As regras foram sempre o que são hoje?
- Como começaram as regras?

As crianças dessa idade se recusam em mudar as regras do jogo e admitem que toda modificação, mesmo aceita por todos, não é legítima. Os exemplos citados por Piaget mostram que as regras são consideradas sagradas e imutáveis porque participam da autoridade paterna – inventar consiste, por assim dizer, em descobrir em si uma realidade eterna e preexistente; as inovações não são consideradas verdadeiras inovações.

Existe uma contradição aparente nessa fase. Enquanto que na prática da regra a criança faz o que quer, insiste que as regras foram sempre idênticas – que se devem à autoridade adulta, chegando a um respeito místico por elas, sem aceitar mudanças que alterem a tradição. Somente a cooperação é capaz de superar essa visão de mundo, mas para chegar a ela é preciso que o indivíduo se situe em relação aos outros, é preciso que haja igualdade intelectual e reciprocidade.

O desenvolvimento do jogo infantil mostra que o símbolo na criança se desenvolve através de fases que conduzem a um crescente realismo. A evolução do símbolo no jogo acompanha e é determinado pelo processo de socialização. Inicialmente, quando as crianças jogam juntas, não se registram transformações internas na própria estrutura dos símbolos. Entre os quatro e os sete anos começa a haver diferenciação e ajustamento de papéis. A ordenação de cenas do jogo e a sequência de ideias no decurso do diálogo evidenciam o progresso da socialização. Entre os quatro e os sete anos, o símbolo vai perdendo o seu caráter de deformação lúdica e se aproxima mais do real, até avizinhar-se de uma simples representação imitativa da realidade. É através do nascente sentido de cooperação e da troca entre os pares que o simbolismo individual se transforma no sentido de imitação objetiva do real.

Enquanto as crianças de três anos usavam blocos de madeira para simbolizar xícaras quando brincavam de casinha, as crianças de sete anos já querem que as xícaras sejam de verdade, que os botões de sua TV girem, que o seu telefone tenha um disco. Elas se preocupam com detalhes precisos na representação.

O desenvolvimento que vai da analogia generalizante da criança de dois até o realismo dos oito anos é uma transição gradual, na qual entram tanto elementos analógicos quanto elementos de imitação exata do real. Um grupo de crianças de sete anos que estava brincando de *Chips* (filme seriado de TV) foi procurar materiais adequados para fazer roupas e armas que se assemelhassem com as de seus heróis. O revólver de brinquedo, um boné e o paletó do pai satisfaziam essas necessidades.

Nesse momento há, por assim dizer, um cruzamento entre as atividades plástica, dramática e musical. Existe uma preocupação crescente de exatidão nas próprias construções materiais que acompanham o jogo: casas, berços, mesas e cozinhas, desenho e modelagem etc. A criança constrói cabanas com panos, cartões, telhados de palha etc. durante dias a fio. O trabalho plástico serve também imediatamente de pretexto para o jogo. A criança de sete anos faz um cocar já com o tamanho adequado para a circunferência de sua cabeça, colore as penas aplicadas de papel e o brinquedo é espontaneamente usado no jogo, onde acrescenta movimento e som para formar a personagem.

Na medida em que a inteligência da criança se desenvolve, o processo de representação é interiorizado. A imaginação dramática, a faculdade de colocar-nos no lugar do outro ou em circunstâncias que não estão presentes fisicamente para os nossos sentidos, continua por toda a vida e caracteriza grande parte de nosso pensamento quando estabelecemos hipóteses sobre o futuro, reconstruímos o passado ou planejamos o presente.

Ao jogar, a criança acredita no que quer. A atitude natural do pensamento é a crença. Somente as operações formais (na adolescência) afastam verdadeiramente o pensamento da crença espontânea. No jogo, sem que haja estabelecimento de hipóteses e comprovação através de pensamento dedutivo, a criança não acredita realmente no que joga. Quando uma criança que está brincando de bruxa ou de lobisomem acredita na personagem, o jogo cessa e ela provavelmente começará a chorar. As crianças distinguem logo cedo entre fantasia e realidade nas suas brincadeiras de faz-de-conta. Por oposição ao símbolo discursivo, o símbolo lúdico chega à ficção e não à crença.

Os jogos simbólicos coletivos reforçam ou debilitam a crença de acordo com a idade. Nas crianças menores, o jogo social é caracterizado pelo egocentrismo. Elas jogam sozinhas, sem se dar conta de seu isolamento. É evidente que a vida social enfraquece a crença lúdica, pelo menos sob sua forma especificamente simbólica – caso esse jogo não seja desenvolvido culturalmente (teatro). Enquanto o jogo sensório-motor se inicia nos primeiros meses e o jogo simbólico no segundo ano de vida, a fase que vai dos sete/oito aos onze/doze anos, caracteriza-se, segundo Piaget, pelo declínio evidente do jogo simbólico em proveito do jogo de regras. jogo simbólico chega ao fim com o próprio final da infância, enquanto o jogo de regras, que é ignorado pelas crianças pequenas, durará até a idade adulta. A idade de cessação dos jogos varia enormemente, pois aí intervém um fator cultural que se impõe às características da faixa etária.

O pensamento e a vida afetiva da criança estão orientados para dois polos opostos. De um lado, ela deve adaptar-se à realidade, respeitar as regras sociais e morais e utilizar o código constituído pela linguagem. De outro, estão as verdades subjetivas, impossíveis de serem formuladas através dos instrumentos coletivos da comunicação. O jogo simbólico é inicialmente o procedimento de expressão criado pelo sujeito para expressar a experiência subjetiva.

As principais manifestações disso que se pode chamar de arte infantil devem, pois, ser consideradas como tentativas sucessivas de conciliação entre as tendências próprias do jogo simbólico (o qual ainda não constitui arte em sentido estrito) e aquelas que caracterizam as formas adaptadas da atividade, ou, se se prefere, como síntese entre a expressão do eu e a submissão ao real. Quando nela se ativa o desenho, a representação teatral etc., a criança buscará satisfazer simultaneamente suas necessidades e adaptar-se aos objetos tanto como aos outros sujeitos. Ela continua, em um sentido, a expressar-se, mas também ensaia inserir aquilo que pensa e sente em um mundo de realidades objetivas e comunicáveis que constituem o universo material e social[24].

A representação dramática evolui insensivelmente dos jogos simbólicos, sendo que o símbolo sofre uma transformação interna, é promovido à categoria de "papel". A criação do papel e mais tarde da personagem é uma representação adaptada.

Ao guiar a inclinação natural da criança para a imitação e para o jogo, estamos favorecendo o seu desenvolvimento intelectual. Na atividade de grupo, o jogo deve ser orientado e governado por um objetivo coletivo, que auxilie a criança a superar a fase egocêntrica e o subjetivismo individualista. O ensino do teatro pode ser visto como uma fusão deliberada entre o jogo simbólico e o jogo de regras. Hans G. Furth, especialista em Piaget, aponta no livro *Piaget na Sala de Aula* para a potencialidade do teatro no desenvolvimento intelectual, social e afetivo da criança. No capítulo referente ao pensamento criativo, exemplifica a aplicação dos princípios piagetianos com base no sistema de Jogos Teatrais.

24. J. Piaget, *A Formação do Símbolo na Criança*, Rio de Janeiro: Zahar, 1975.

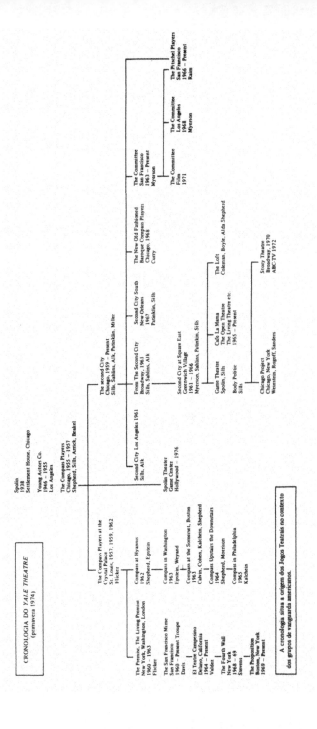

3. O JOGO TEATRAL

> Quando o sentido de processo é compreendido, e
> se entende a história como o resíduo do processo,
> o resultado é ação dramática, pois toda a energia e
> ação de cena são geradas pelo simples processo de
> atuação.
>
> VIOLA SPOLIN

O Teatro realizado em grupo, a criação coletiva, é um fenômeno dos últimos vinte anos. A partir do movimento *off-off-
-Broadway* surgiram nos Estados Unidos, na década de 1960,
novas formas de teatro, que se tomaram independentes e não
seriam viáveis dentro do esquema do *show business*. Muitos grupos "reinventaram" o teatro e a técnica era aprendida durante os
workshops, cujo desenvolvimento se dedicava à descoberta de
novas formas de comunicação. O sistema de Jogos Teatrais de

Viola Spolin é uma consequência dessa experimentação prática e possui características singulares, decorrentes do processo de criação coletiva do qual se originou.

Improvisation for the Theatre[125] foi editado pela primeira vez em 1963. O sistema foi desenvolvido em grande parte na Young Actors Company, em Hollywood, durante mais de dez anos, em oficinas de trabalho para crianças de sete a quatorze anos. Spolin recebeu influências de Stanislávski, que cita no livro, e de Neva Boyd, com a qual teve um treinamento em jogos, arte de contar histórias, danças e canções folclóricas*. Esteve ligada ao The Compass Players (1955-1957), em Chicago, que foi o primeiro elenco profissional de teatro de improvisação nos Estados Unidos, sob a direção de David Sheperd e Paul Sills. Este último, filho de Spolin, participou diretamente na formulação do sistema de Jogos Teatrais e fundou em 1959 o Second City.

Os jogos teatrais são apresentados em *Improvisação para o Teatro*[26] e *Theater Game File*[27], que tem atualmente a forma de fichário. Enquanto *Improvisação para o Teatro* ainda contém uma terça parte dedicada ao teatro formal (preparação para montagens), *Theater Game File* é totalmente dedicado ao jogo de improvisação. Em *Improvisação para o Teatro*, a explicação do sistema ainda se realiza de forma descritiva. Muitas vezes as descrições de observações da autora são desdobradas em propostas para Jogos Teatrais em *Theater Game File*.

Ambos os livros permitem diversas leituras. Na medida em que se trata de manuais de ensino, essas leituras se traduzem, na prática, por vários encaminhamentos possíveis do processo. O objetivo explícito em *Improvisação para o Teatro* é a transmissão de um sistema de atuação que pode ser desenvolvido por todos os que desejem se expressar através do teatro, sejam eles profissionais, amadores ou crianças.

---

25. V. Spolin, *Improvisation for the Theatre*, Illinois: North Western University, 1963.

* Neva Boyd, especialista em jogos recreativos, lecionou na Universidade de Northwestern (1927). Em *Handbook of Recreational Games*, defende a relação entre jogo e educação social da criança. Ressalta a importância de danças folclóricas e dramatizações, alertando sempre para o valor intrínseco que elas possuem para a educação. Compilou jogos tradicionais de várias culturas (*Folk Games of Bohemia and Moravia* e *Folk Games of Denmark*, ambos publicados por H. T. Fitz Simons Co.) Boyd trabalhou também em programas de terapia através do jogo, em Illinois.

26. V. Spolin, *Improvisação para o Teatro*, São Paulo: Perspectiva, 1979.

27. V. Spolin, *Theater Game File*, St. Louis: CEMREL, 1975.

Theater Game File abre o leque de possibilidades sendo que a própria organização do fichário visa à sua utilização por professores em geral. Em 1968, foi realizado um projeto estadual no campo da educação artística, em Missouri. O objetivo era incluir a arte como matéria curricular nas escolas do Estado. Parte importante do projeto era determinar a aplicabilidade educacional do teatro para todos os alunos. A utilidade dos Jogos Teatrais de Viola Spolin tornou-se evidente nesse projeto. Desta forma, foi realizado um esforço para caracterizar os jogos teatrais e torná-los mais úteis, não apenas para especialistas em teatro mas também para outros professores. *Improvisação para o Teatro* foi tomado como base para organizar uma versão experimental, utilizada por professores da University City School (colégio experimental do Estado) e em outras escolas do País. Em seguida, o texto foi submetido a uma revisão da autora, sendo reorganizado e publicado pelo CEMREL Inc., Missouri, com o nome de *Theater Game File*.

A unidade básica do fichário é o Jogo Teatral, individual, em forma padronizada, impresso em um ou dois lados, numa ficha simples, com formato de 5 cm por 8 cm.

A organização de cada jogo é apresentada de forma sistemática e a explicação classificada em itens: Preparação, Descrição do Exercício, Instrução, Avaliação, Notas, Áreas de Experiência.

O corpo dos Jogos Teatrais está dividido em três seções: A, B e C. A seção A é composta de uma seleção de jogos teatrais e jogos tradicionais. Contém material básico, que pode ser retirado da sequência e apresentado com objetivos educacionais específicos. A seção B é uma seleção de Jogos Teatrais, acrescidos da estrutura dramática: *Onde* (Lugar e/ou Ambiente), *Quem* (personagem e/ou relação) e *O Que* (atividade). A seção C contém uma seleção adicional de Jogos Teatrais.

A complexidade crescente dos jogos é indicada em *Theater Game File* através da organização das fichas em A (Jogos Teatrais), B (Jogos Teatrais acrescidos da estrutura dramática) e C (Jogos Teatrais com alunos adiantados). Em *Improvisação para o Teatro*, essa divisão é feita através das observações que acompanham os jogos, e alguns são indicados apenas para "alunos adiantados".

Na medida em que cada ficha é uma estrutura operacional, o fichário pode ser utilizado de formas alternativas – os jogos podem ser reorganizados de formas variadas, para ir ao encontro de necessidades particulares. Cada ficha contém um item denominado "áreas de experiência", que se refere às áreas que podem ser exploradas através do jogo. As "áreas de experiência" indicadas

TÍTULO	TÍTULO
(CHAVE PARA IDENTIFICA-ÇÃO DO JOGO/EXERCÍCIO)	(SEÇÕES A, B, C)
PREPARAÇÃO	*INSTRUÇÃO*
JOGOS TRADICIONAIS JOGOS CONDUTORES (JOGOS QUE INTRODUZEM O JOGO TEATRAL QUE ESTÁ SENDO APRESENTADO)	EXEMPLOS DE ENUNCIADOS QUE PODEM SER PRONUN-CIADOS PELO ORIENTADOR DURANTE A REALIZAÇÃO DO JOGO, PARA MANTER O FOCO ENTRE OS JOGADORES
FOCO	*AVALIAÇÃO*
ATENÇÃO DIRIGIDA E CON-CENTRADA DENTRO DA REA-LIDADE DO PALCO	RESTABELECIMENTO DO FO-CO ATRAVÉS DE PERGUNTAS, APÓS O TÉRMINO DO JOGO
DESCRIÇÃO	*NOTAS*
COMO JOGAR, REGRAS, LI-MITES/DIVISÃO DE TIMES, LIMITE DE TEMPO ETC.	PONTOS DE OBSERVAÇÃO PARA O ORIENTADOR, COM O OBJE-TIVO DE AUXILIAR NA COM-PREENSÃO, APRESENTAÇÃO, INSTRUÇÃO E AVALIAÇÃO DO JOGO
	ÁREAS DE EXPERIÊNCIA
	TIPO DE JOGO, SUGESTÕES PARA CORRELAÇÕES CURRI-CULARES

Unidade básica do fichário

na ficha para cada jogo estão reunidas em apêndice no manual, de forma que o professor encontra uma listagem de jogos para áreas específicas. Cabe ao professor selecionar o jogo mais ade-quado à sua situação de sala de aula. Ele pode trabalhar, por exemplo, com o desenvolvimento da agilidade verbal, e sob esse item encontramos listados os jogos teatrais que lidam com o pro-blema ou, ao contrário, a sua preocupação é mostrar a possibili-dade e a riqueza de comunicação não-verbal, exaustivamente explorada através de outros jogos. Categorias como jogos de observação, jogos de memória, jogos sensoriais, jogos de aqueci-mento, agilidade verbal, comunicação não-verbal etc. ampliam o limite tradicional da situação de aprendizagem, levando o aluno a adquirir habilidades de processo ao trabalhar com um sistema de percepção e comunicação que rompe a linearidade da forma discursiva. O projeto experimental visava atingir um número grande de professores, leigos em teatro, e o objetivo não era a formação em teatro, mas a utilização do jogo em qualquer situação de aprendizagem. Além das diversas "áreas de experiência" que o jogo teatral abarca, essa didática oferece uma contribuição fundamental para a formação de professores. Se aplicarmos o conceito de Foco a qualquer matéria, libertamos o professor da preocupação de organizar a sua exposição apenas com base na sequência de informações transmitidas dentro de uma ordem sucessiva. O conceito Foco altera não somente a atuação do professor como a própria organização da matéria, na medida em que ele passa a agir em função de pontos essenciais a serem comunicados aos alunos e não de uma sequência predeterminada.

Theatre Game File, publicado em 1975, representa uma atualização de *Improvisação para o Teatro*. A própria organização em forma de fichário quebra a última referência linear que ainda podia ser talvez buscada no primeiro livro. Principalmente para a condução do processo em teatro não existe uma sequência preestabelecida. A proposta de *Theatre Game File* é um convite para jogar o jogo. O manual que acompanha os jogos fornece as instruções e o fichário é uma compilação de Spolin, realizada a partir de uma experiência de longos anos com teatro de improvisação. A extensão do jogo depende da realidade de cada grupo. Podemos selecionar jogos específicos isoladamente ou jogar uma sequência durante um tempo indeterminado. O resíduo do processo de jogos está no metabolismo do grupo.

A Evolução do Jogo

Spolin sugere que o processo de atuação no teatro deve ser baseado na participação em jogos. Por meio do envolvimento criado pela relação de jogo, o participante desenvolve liberdade pessoal dentro do limite de regras estabelecidas e cria técnicas e habilidades pessoais necessárias para o jogo. À medida que interioriza essas habilidades e essa liberdade ou espontaneidade, ele se transforma em um jogador criativo. Os jogos são sociais, baseados em problemas a serem solucionados. O problema a ser solucionado é o objeto do jogo. As regras do jogo incluem a estrutura (Onde, Quem, O Que) e o objeto (Foco) mais o acordo de grupo.

A autora estabelece uma diferença entre jogo dramático e jogo teatral:

Como o adulto, a criança gasta muitas horas do dia fazendo jogo dramático subjetivo. Ao passo que a versão adulta consiste usualmente em contar histórias, devaneios, tecer considerações, identificar-se com as personagens da TV etc., a criança tem, além destes, o faz de conta onde dramatiza personagens e fatos de sua experiência, desde *cowboys* até pais e professores. Ao separar o jogo dramático da realidade teatral e, num segundo momento, fundindo o jogo com a realidade do teatro, o jovem ator aprende a diferença entre fingimento (ilusão) e realidade, no reino de seu próprio mundo. Contudo, essa separação não está implícita no jogo dramático. O jogo dramático e o mundo real frequentemente são confusos para o jovem e – ai de nós – para 'muitos adultos também[28].

Comprometida desde o início com a proposta educacional – seu trabalho foi iniciado com crianças e em comunidades de bairro em Chicago – e vinculada ao movimento de renovação que se deu no teatro norte-americano na década de sessenta, Viola Spolin desenvolveu um sistema de atuação a partir do qual propõe que a criança, dos sete/oito anos de idade em diante, é plenamente capaz de utilizar a linguagem artística do teatro e expressar-se através dela. Em *Improvisação para o Teatro* encontramos elementos que podem significar um passo adiante na sistematização de um processo de aprendizado da linguagem teatral.

O processo de jogos teatrais visa a efetivar a passagem do jogo dramático dramático (subjetivo) para a realidade objetiva do palco. Este não constitui uma extensão da vida, mas tem sua própria realidade. A passagem do jogo dramático ou jogo de faz de conta para o jogo teatral pode ser comparada com a transformação do jogo simbólico (subjetivo) no jogo de regras (socializado). Em oposição à assimilação pura da realidade ao eu, o jogo teatral propõe um esforço de acomodação, através da solução de problemas de atuação.

Um menino de sete anos está sentado numa caixa pequena, colocada sobre uma maior. Está dirigindo um veículo, que logo se percebe ser um carro; passa as marchas, maneja o volante, aperta os botões do rádio e começa a cantar, usa os freios. O carro detém-se e duas crianças entram. A última paga as passagens e anuncia: "Para a praia de Ipanema, por favor". Pelas atitudes e gestos, logo torna-se claro que a mãe, sua filha e duas malas grandes iam para a praia de Ipanema. Partiram junto com o motorista, que saltava no assento para mostrar que o táxi sacolejava.

O jogo teatral não é uma extensão da vida corrente. A improvisação de uma situação no palco tem uma organização própria, como no jogo. O menino não estava simplesmente imitando, mas trabalhava com o problema de dar realidade aos objetos. O volan-

28. V. Spolin, *Improvisação para o Teatro*, p. 253.

te, o rádio, os freios, as marchas não foram explicados verbalmente mas se tomaram concretos através da ação. A criança dessa idade percebe que a simples analogia é inglória e muito diferente da realidade. Para a criança que entra na fase do realismo, o jogo dramático é inadequado ao seu desenvolvimento intelectual.

No jogo simbólico da criança pequena, ela assimila um fato externo a um esquema de cognição que seja de interesse momentâneo. Por exemplo: uma criança, vendo e agarrando um bloco sobre uma mesa, começa a brincar de carrinho. Um interesse determinado pode ser fortuitamente acionado pela presença de um objeto externo. Nos primeiros jogos simbólicos, a assimilação domina a acomodação. Ou seja, a criança brinca espontaneamente, assimila uma situação sem fazer a correspondente acomodação – ela brinca ao sabor de sua fantasia. Na construção com material, a criança de sete/oito anos se preocupa em aproximar ao máximo o símbolo da realidade representada. No jogo, procura dar realidade a objetos e situações por meio do gesto. Evidentemente a passagem do jogo dramático para o jogo teatral é uma transição muito gradativa, que envolve o problema de tornar manifesto o gesto espontâneo e depois levar a criança à decodificação do seu significado, até que ela o utilize conscientemente, para estabelecer o processo de comunicação com a plateia. Hans Furth explicita esta passagem através da diferença que estabelece entre jogo simbólico e representação improvisada:

> A principal diferença entre o jogo simbólico da primeira infância e a representação improvisada está na aplicação controlada de esquemas cognitivos no exercício de todas as partes do corpo, em cada movimento e em cada sequência de comportamento. As próprias crianças são as primeiras a perceber a diferença entre a brincadeira fantasista e a representação intencional. Da mesma forma como nos exercícios de pensamento as crianças não *brincavam* de pensar, mas estavam seriamente *empenhadas* na tarefa de pensar, também na representação não *simulam* mas *dão vida aos objetos*[29].

Identificamos no sistema de jogos teatrais a possibilidade de trabalhar com o significado do gesto. O processo se fundamenta no jogo e na ação improvisada. O que diferencia o método é a sequência gradual de problemas solucionados, que levam não apenas à liberação da ação lúdica mas também à decodificação da estrutura da linguagem. Segundo Spolin, através do Foco ou ponto de concentração do ator, o teatro, que constitui uma forma

29. H. Furth, *Piaget na Sala de Aula*, Rio de Janeiro: Forense, 1972.

de arte complexa, pode ser isolado em segmentos para que sejam completamente explorados. O Foco é a "bola com a qual todos participam do jogo"[30]. A definição do conceito de Foco exige um detalhamento de sua função.

O termo Foco equivale a ponto de concentração do ator. O nível de concentração é determinado pelo envolvimento com o problema a ser solucionado. Tomemos o exemplo do jogo teatral Cabo de Guerra: o Foco desse jogo reside em dar realidade ao objeto, que nesse caso é a corda imaginária. A dupla de jogadores no palco mobiliza toda sua atenção e energia para dar realidade à corda. Quando a concentração é plena, a dupla sai do jogo com toda evidência de ter realmente jogado o Cabo de Guerra – sem fôlego, com dor nos músculos do braço etc. A plateia observa em função do Foco. Embora no momento inicial não exista a presença de uma plateia estranha ao grupo, a relação palco/plateia é utilizada desde o primeiro momento como fator fundamental para o desenvolvimento do processo. A plateia assume um papel ativo, na medida em que também ela é integrante do grupo que está envolvido na solução de um problema. O jogador no palco compartilha uma experiência com o parceiro de jogo e com o parceiro na plateia. O observador na plateia faz uma avaliação objetiva, que visa à solução de um problema comum e responde a uma comunicação feita pelo parceiro no palco. As perguntas levantadas durante a avaliação são objetivas. O orientador propõe perguntas diretas, que são respondidas por todos, inclusive por ele mesmo. "Qual foi o objeto que eles comunicaram para nós?", "Onde eles estavam?", "Quem eles eram?", "O que estavam fazendo?", "Eles solucionaram o problema?", "A concentração foi completa ou incompleta?". A plateia descreve simplesmente, sem fazer inferências. Ela reflete a comunicação que se estabeleceu. O Foco define o objetivo comum e elimina modelos de comparação, critérios de qualidade, julgamentos de valor e respostas subjetivas. Através do Foco, a avaliação gira em torno da solução de um problema de atuação e não do desempenho de uma cena

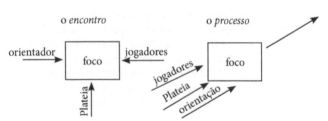

30. V. Spolin, *Improvisação para o Teatro*.

O aspecto didático do Foco é determinado por um duplo referencial. A delimitação do campo de jogo garante o envolvimento do participante em cada momento do processo. O nível de concentração é uma variável individual e uma resposta iniciada pelo jogador. O segundo referencial é a função que o Foco exerce no processo. Através do Foco, a matéria (teatro) é apresentada de maneira segmentada, sendo a "técnica" substituída pela exploração e descoberta de unidades mínimas da linguagem teatral.

No início, o Foco pode ser a simples manipulação de um copo, uma corda ou uma porta. Ele se torna mais complexo na medida em que os problemas de atuação progridem e com isso o aluno será eventualmente levado a explorar o personagem, a emoção e eventos mais complexos. Esta focalização no detalhe dentro da complexidade da forma artística, como no jogo, cria a verdadeira atuação através da eliminação do medo da aprovação/desaprovação. A partir do Foco aparecem as técnicas de ensino, direção, representação e improvisação de cena. Na medida em que cada detalhe é desdobrado, torna-se um passo em direção a um novo todo integrado tanto para a estrutura total do indivíduo como para a estrutura do teatro. Trabalhando intensamente com partes, o grupo também estará trabalhando com o todo, o qual naturalmente é formado por partes[31].

O nível crescente de complexidade é determinado pelas propostas de jogo que o orientador faz para o grupo. Ele atua como um diagnosticador, que observa e propõe problemas para solucionar problemas. Por assim dizer, expõe o grupo a uma experiência teatral, através da sequência de jogos.

Ao mesmo tempo em que Spolin apresenta um sistema que pretende regular e abranger a atividade teatral, ele existe para ser superado e negado enquanto conjunto de regras. Os jogos teatrais constituem portanto uma antididática que suscita uma questão. Como ter uma forma planificada de ação se queremos encontrar uma liberdade de ação? O que é criação, se ela supõe sempre algum sistema ou ordem?

A Regra do Jogo

Qualquer jogo tradicional é realizado a partir de um certo número de regras, aceitas para colocá-lo em movimento. As regras estabelecidas entre os jogadores determinam uma relação de parceria, que implica observação de determinadas leis que asseguram

31. *Idem*, p. 21.

a reciprocidade dos meios empregados para ganhar. Há, portanto, acordo de grupo sobre as regras do jogo e interação, que ocorre a partir da busca de um objetivo comum. Quando fazemos o traçado da amarelinha no chão, as linhas delimitam um campo de jogo. A regra estabelece uma estrutura que prefigura o parâmetro para a ação lúdica. Ela propõe um problema a ser solucionado, seja ele acertar o quadrado no traçado da amarelinha ou a realização de tarefas mais complexas, como estabelecer hipoteticamente uma sequência de ações para derrubar o rei no jogo de xadrez. Como o problema vai ser solucionado depende da atuação de cada jogador. A tensão desempenha no jogo um papel fundamental. Ela significa incerteza, acaso. A solução do problema implica no esforço dos jogadores para chegar até o desenlace e a improvisação espontânea de ações, para vencer o imprevisto. Esta concentração de atenção gera energia e estabelece a relação direta com os acontecimentos e com o parceiro.

No sistema de Jogos Teatrais distinguimos diferentes níveis de utilização da regra. Inicialmente, o próprio jogo tradicional é utilizado como recurso para estabelecer o repertório comum ao grupo e a liberação de ludicidade. Ele propõe o envolvimento e o clima necessário para o jogo teatral, é mobilizador de energia canalizada para um objetivo comum. O jogo tradicional tem a função de condutor – prepara o campo e introduz o jogo teatral. A função que o jogo tradicional cumpre inicialmente pode ser definida como uma estratégia, utilizada no sistema para ir ao encontro de objetivos específicos, de acordo com as necessidades do grupo. Normalmente, os jogos tradicionais são utilizados no início do trabalho como forma de encontro e aquecimento. Podem ainda introduzir um problema específico, que está sendo trabalhado. Com crianças, o jogo de pegador por exemplo, permite uma série de variações da regra que levam à ocupação do espaço da sala. Trabalhamos uma sequência que se iniciava com o pegador, onde se introduziram gradativamente modificações. No momento em que o jogador era pego, ele "explodia" (caindo, gritando ou através do movimento). O campo de jogo foi cercado com um círculo de giz no chão, e os jogadores se movimentavam em câmara lenta. Aquele que era pego, "congelava", criando-se portanto um labirinto de corpos no espaço. As possibilidades de combinação são numerosas. A função mais importante que o jogo de regras cumpre no processo é o parâmetro claro que gera a confiança necessária para jogar o jogo. Quando o indivíduo percebe que não existe a imposição de modelos ou critérios de julgamento e que o esquema é claro, ele deixa de lado o medo de se expor (subjetivismo) e participa da ação conjunta.

Certa vez propusemos um jogo tradicional para um grupo de adolescentes: uma pessoa sai da sala, enquanto as outras formam um círculo e combinam quem vai ser o iniciador dos movimentos. O princípio do jogo é o espelho. Uma pessoa inicia o movimento e os parceiros refletem exatamente as ações. Quando a pessoa que saiu da sala volta, ela deve ficar no centro do círculo e adivinhar quem está liderando, sendo que o grupo procura encobrir quem é o líder. Depois de realizar uma sequência, os adolescentes estabeleceram que quando a pessoa que havia saído da sala voltasse, o círculo todo iria imitar os seus movimentos. A resposta do grupo para o problema proposto resultou em um novo princípio de jogo. A reformulação do princípio que a regra estabelece não parte de um sujeito individualmente, mas é passível de transformação, se ela for a expressão da vontade geral. A relação autoritária percebe a regra como lei. Na instituição lúdica, a regra pressupõe processo de interação. O sentido de cooperação leva ao declínio do misticismo da regra quando ela não aparece como lei exterior, mas como o resultado de uma decisão livre porque mutuamente consentida. Evidentemente, cooperação e respeito mútuo são formas de equilíbrio ideais, que só se realizam através de conflito e exercício da democracia. O consentimento mútuo, o acordo de grupo determina as possibilidades de variação da regra.

A regra, que inicialmente estabelece o parâmetro, perde gradativamente a rigidez. A partir da solução apresentada pelos adolescentes, fiz uma segunda proposta: todos são iniciadores, todos são seguidores, ninguém inicia, ninguém segue. A única instrução dada para o jogo era "Siga o Seguidor". O jogo produziu movimento e transformação fluentes, sem que houvesse um líder ou iniciador deliberado. Viola resume o princípio do Jogo Teatral "Siga o Seguidor", que é um princípio orientador no sistema de Jogos Teatrais:

> Quando todos se tornarem líderes,
> Quem será o seguidor?
> Quando todos se tornarem seguidores,
> Quem ficará para ser líder?
> Quem ficará para ser líder ou liderado,
> Quando todos forem seguidores e líderes?[32]

O grupo é o propulsor de uma ação que emerge como força coletiva.

O sistema de Jogos Teatrais se fundamenta no jogo regrado, sendo que as regras estabelecidas têm por único objetivo libertar

32. V. Spolin, *Theatre Game File.*

a espontaneidade. O jogo teatral é ilimitado por sua própria natureza:

Quando existe um consenso de que todos aqueles que estão envolvidos no teatro devem ter liberdade pessoal para experimentar, isto inclui a plateia – cada membro da plateia deve ter uma experiência pessoal, não uma estimulação artificial, enquanto assiste à peça. Quando a plateia toma parte nesse acordo de grupo, ela não pode ser concebida como uma massa uniforme nem deveria viver a história de vida de outros (mesmo que seja por uma hora), ou se identificar com os atores e representar através deles emoções cansadas e gratuitas. A plateia é composta de indivíduos diferenciados que estão assistindo à arte dos atores (e dramaturgos), e é para todos eles que os atores (e dramaturgos) devem utilizar suas habilidades para criar o mundo mágico da realidade teatral. Este deveria ser um mundo onde todo problema humano, enigma ou visão fosse explorado, um mundo mágico onde os coelhos sejam tirados da cartola e o próprio diabo possa ser invocado.

Somente agora os problemas do teatro atual estão sendo formulados em questões. Quando nosso treinamento de teatro puder capacitar os futuros dramaturgos, diretores e atores a pensar no papel da plateia como indivíduos e como parte do processo chamado teatro, cada um com direito a uma experiência significativa e pessoal, não será possível que uma forma de teatro totalmente nova emerja? Bons teatros de improvisação profissionais já apareceram diretamente desta forma de trabalho, encantando plateias noite após noite com experiências teatrais originais[33].

Os mesmos objetivos que Spolin propõe para o espetáculo são válidos em cada momento durante o processo de aprendizagem, onde o teatro, enquanto manifestação viva e espontânea, deve estar presente em todos os momentos. Da mesma forma como a plateia de espectadores é normalmente pouco estimulada por emoções que pertencem ao passado, o jogador no palco não explora a si mesmo (suas emoções) através de um processo de identificação subjetivo, mas atua em função do momento presente. Viola substitui o termo "ator" (que equivaleria a "intérprete") por jogador. O objetivo do sistema não é a "interpretação", mas a atuação que surge da relação de jogo. Embora a personagem esteja implícita, ela não é trabalhada como problema de atuação com alunos iniciantes, exatamente para evitar a representação prematura. Quando o Foco do jogo é a personagem, para alunos mais adiantados, o jogador vê o parceiro de jogo e se relaciona com ele, não com a personagem que está interpretando. A preocupação maior em todo o processo é libertar a interpretação de toda a carga de super-atuação, que impede a ação espontânea.

33. V. Spolin, *Improvisação para o Teatro*.

O Gesto Espontâneo

O termo "espontaneidade" exige uma definição clara, para não tornar-se um conceito generalizante. Ação espontânea não equivale simplesmente a ação livre. O processo de "deixar fazer", na visão espontaneísta de ensino, ainda não define ação espontânea. Para Spolin, a espontaneidade é "um momento de liberdade pessoal quando estamos frente a frente com a realidade e a vemos, a exploramos e agimos em conformidade com ela. Nossa realidade, as nossas mínimas partes funcionam como um todo orgânico. É o momento de descoberta da experiência, de expressão criativa"[34].

A espontaneidade equivale portanto à liberdade de ação e estabelecimento de contato com o ambiente. Com grupos iniciantes e também crianças, é fácil verificar que, quando o processo de improvisação é deixado totalmente livre, poucas vezes ele pode ser identificado com ação espontânea. Pelo contrário, logo se revelam quadros de referência estáticos ou estereotipias na atuação e comportamentos de dependência que são mais prejudiciais do que compensadores.

Spolin estabelece uma diferença entre inventividade e espontaneidade. Ao trabalhar apenas com a associação de ideias (história), o jogo de improvisação permanece ainda no plano cerebral. A ação espontânea exige uma integração entre os níveis físico, emocional e cerebral. Em oposição a uma abordagem intelectual ou psicológica, o processo de jogos teatrais busca o surgimento do gesto espontâneo na atuação, a partir da "corporificação"*.

Podemos estar interessados somente na comunicação física direta; os sentimentos são um assunto pessoal. Quando a energia é absorvida num objeto físico não há tempo para "sentimentos". Se isto parece rude, esteja certo de que insistir no relacionamento objetivo (físico) com a forma de arte traz uma visão mais clara e uma maior vitalidade para os alunos-atores, pois a energia retida no medo de se expor é liberada na medida em que o aluno intuitivamente reconhece que ninguém está espionando sua vida particular e ninguém está interessado em saber onde ele escondeu o cadáver[35].

---

34. *Idem*, p. 4.
* O termo utilizado por Spolin é "physicalization" e havia sido traduzido em *Improvisação para o Teatro* por "fisicalização". Durante a elaboração deste trabalho, no entanto, fizemos uma revisão da tradução, considerando que o termo "corporificação" é mais correto.
35. *Idem*, p. 14.

Embora os jogos possam ser retirados da sequência e caiba em última análise ao orientador diagnosticar os problemas do grupo e propor jogos adequados a cada momento do processo, existe uma orientação que norteia o sistema.

A origem dos Jogos Teatrais está nos jogos de salão, nas brincadeiras espontâneas organizadas nos encontros familiais. A origem nos jogos de charadas pode ser facilmente identificada e é uma característica que permeia toda a estrutura do sistema. Os primeiros jogos teatrais propõem o problema de tornar real o imaginário. O que diferencia o jogo teatral do jogo de mímica tradicional é a intencionalidade no gesto. O jogador trabalha com o problema de comunicar um objeto imaginário. Ele "corporifica" o objeto, a partir de uma ação física. Embora o Jogo Teatral não possa ser reduzido ao jogo de charadas, o clima de tensão na solução do problema de atuação equivale àquele criado pelo jogo de salão. A adivinhação está implícita na relação que se cria entre palco/plateia.

Já citamos o exemplo do Cabo de Guerra, onde a dupla dá realidade à corda imaginária. A realidade do objeto surge da relação que o jogador estabelece com próprio corpo. Quando o jogo está em andamento, o orientador dá instruções, como, por exemplo, "Sinta o peso da corda no braço... no cotovelo... na espinha". "Tire a corda da cabeça e coloque ela no espaço". O corpo é o propulsor da ação, quando a atividade surge do Foco e não é imposta. O objeto entre os jogadores é a realidade criada.

No Cabo de Guerra, o objeto é a corda. Este objeto passa a ser definido através de acordo de grupo, sendo que o Foco de tomar real o objeto *entre* a dupla pode ser mantido. Dessa forma, os jogadores estabelecem o objeto que pode ser bola, lençol, chiclete, vidro etc.

A corporificação do objeto imaginário é o fundamento dos jogos na seção A de *Theater Game File*, e cada jogo propõe um novo problema a ser solucionado. Por exemplo, o grupo pode ser formado por um número maior de integrantes que devem participar de uma ação conjunta, na qual todos movimentam o mesmo objeto. Ou é o objeto coloca o grupo em movimento.

O jogador pode também trabalhar individualmente com o problema de mostrar uma dificuldade com um objeto pequeno. Os jogos propõem sempre um desafio: os participantes colocam o objeto entre eles em movimento, sem usar as mãos se outras partes do corpo estiverem sendo pouco utilizadas.

Na avaliação dos jogos com objeto imaginário é estabelecida uma diferença entre "mostrar" e "contar", ou entre "tornar real" e "fazer de conta". No jogo teatral "O que estou comendo?", por exemplo, o grupo decide qual será a comida. Se o alimento foi "mostrado", a plateia passa a vê-lo, ou seja, o alimento se torna sensivelmente presente. O fato é que mostrar, através do gesto, torna real o imaginário, na medida em que este passa a ser partilhado por todos os que estão envolvidos na relação palco/plateia. O gesto contado coloca a plateia como tal e ela passa a assistir a um relato. Embora a palavra não seja usada nesses jogos iniciais, a plateia diferencia entre gesto narrativo (mímica) e ação no palco. O gesto "contado" é inventivo – sempre se refere a uma ação passada, enquanto o gesto "mostrado" é orgânico, invoca uma presença. Viola compara o jogador, que dá realidade ao objeto, com o mágico, que tira o coelho da cartola.

Após um semestre de trabalho com alunos de doze a quinze anos no Colégio São Domingos, foi realizada uma avaliação, onde propus a pergunta: Qual é a diferença entre "fazer de conta" e "tornar real"?

"'Tornar real' é fazer com que o que seja real apareça no palco, tornar verdadeiro. Dar a impressão real de que se está realmente mexendo, sentindo." "'Fazer de conta' é mostrar com gestos o que se está querendo mostrar, sem ter concentração" (*sic*).

"'Tomar real' é fazer parecer que as coisas existem realmente e que estão ali. E fazer também com que as pessoas percebam isto" (sem a gente falar). "'Fazer de conta' é fazer de qualquer jeito, saindo do Foco, é os objetos desaparecer ou mudar de forma de repente, sem nenhum motivo" (*sic*).

"'Fazer de conta' é fingir que está pegando algo." "'Tornar real' é sentir o objeto (ele não existe na verdade), mas deixar transparecer ao público se ele é salgado etc., como fez um grupo em que a pessoa lambeu o dedo, deixando claro que era algo real." "'Fazer de conta' é apenas fazer uma mímica sem concentração. Se o jogador finge que tem uma colher na mão, ele deveria sentir aquela colher, é preciso muita concentração. Sem concentração, ele largaria a colher no ar, para beber água, e se tornasse real ele sentiria a comida na boca e poria a colher no prato."

"'Fazer de conta' é quando se fala que está fazendo algo no jogo e, no entanto, não se demonstra. A plateia fica sabendo porque contaram. No 'tornar real' a plateia sabe o que está acontecendo porque vê. Não é necessário o jogador contar, a plateia vê *realmente!*"

"'Fazer de conta' é quando você está representando um papel" e "'tornar real' é quando a plateia vive a história da peça".

"'Fazer de conta' é você fazer o teatro através de mímica" e "'tornar real' é você fazer o teatro como se estivesse num lugar real ou vendo uma coisa real".

"'Fazer de conta' é, contar uma história. Eu conto que plantei uma flor, vejo ela crescer, colho etc."

"'Tornar real' é, por exemplo, comer pipoca: eu compro, dou o dinheiro, recebo o troco, como – tiro do meio do dente, a pipoca acaba, eu lamento porque acabou e jogo o saquinho no chão..."

"'Fazer de conta' é por exemplo, quando uma pessoa vai beber água e faz tão depressa que, se fosse verdade, ela teria engasgado." "'Tornar real' é quando a pessoa vai beber água e ela faz pausadamente, para parecer de verdade."

"Exemplo: tomando sopa. 'Tornar real' – a pessoa pega a sopa com a colher, sente o gosto, se tiver pedaços de comida (carne etc.) mastiga, engole. 'Fazer de conta' – a pessoa faz gestos com a mão e com a boca, gira a mão e mexe a língua, faz um barulho, tudo muito rápido."

"'Fazer de conta' é quando você não está espontaneamente concentrado, o que faz o objeto um faz-de-conta." "'Tornar real' é quando você, mesmo não tendo o objeto na mão, dá vida a esse ser inanimado" (*sic*).

"'Fazer de conta' é brincar sem ter Foco", e "'tornar real' é ter Foco, como se estivesse fazendo de verdade" (*sic*).

"'Fazer de conta' é pensar que está fazendo as coisas." "'Tornar real' é estar fazendo as coisas" (*sic*).

É preciso levar em consideração que nesta faixa etária é mais fácil romper a resistência psicológica e a preocupação com a linearidade que caracterizam o adulto. Os alunos tiveram apenas uma aula por semana de 45 minutos, o que equivale a um total de dezesseis horas/aula no final de um semestre. Confessamos surpreendida com o resultado da avaliação. Quando iniciamos as aulas (março de 1981), contávamos que a interferência seria mínima, considerando a estrutura tradicional do ensino e o pouco tempo de trabalho. Mas a diferença estabelecida entre "fazer de conta" e "tornar real", no depoimento dos adolescentes, delineia nitidamente algumas características do trabalho com o Foco.

O Foco é identificado com concentração. Esta não é sinônimo de introjeção mental ou fixação em um ponto x, mas equivale a "fazer aparecer alguma coisa no palco" (os alunos utilizaram apenas o palco nu, sem nenhum recurso auxiliar como cenários, adereços de cena etc.). O gesto contado é equiparado a fingimento, simulação. Existe uma nítida preocupação com autenticidade e verdade que determina o valor da representação, enquanto a artificialidade é colocada como aquilo que é circunstancial, exterior. A concentração verdadeira tem ligação efetiva com o nível físico (sensorial). A relação com o físico determina uma alteração no ritmo da representação, Resulta daí um detalhamento na realidade representada.

Improvisação de Cenas

O Foco no objeto imaginário pode ser ampliado para o ambiente em que esse objeto está colocado. Os termos *Onde, Quem* e *O Que* são usados no sistema em substituição aos termos teatrais "cenário", "personagem" e "ação de cena". Para o estabelecimento do Foco do jogo existe sempre o Foco primário (por exemplo, *Onde*) e o Foco secundário (por exemplo, *Quem* e *O Que*). O Foco primário recai sobre qualquer dos três elementos e existem numerosas possibilidades de combinação entre eles.

O Foco primário no *Onde* é estabelecido pela identificação dos objetos físicos que o caracterizam. Para auxiliar na visualização do ambiente, o grupo elabora uma planta-baixa do palco, onde relaciona os objetos, organizando assim o espaço do jogo. À planta-baixa, que define o ambiente, são acrescentados, através de acordo de grupo, *Quem* está dentro desse espaço, e *O Que* (uma atividade entre os jogadores).

Embora a palavra seja introduzida na improvisação, ela não substitui a ação física, pois os jogadores mostram o *Onde* através da manipulação dos objetos (imaginários). A planta-baixa tem a função de localizar os jogadores no espaço, sendo que a sua própria organização exige uma seleção, que pode ser facilmente identificada na planta do Shopping (7ª série, Colégio São Domingos) e do Roller (6ª série, Colégio São Domingos), onde ficou explicitado o que está dentro do palco e o que estaria além.

Existem numerosos jogos e possibilidades de variação na proposta dos exercícios que lidam com o problema de dar realidade aos objetos do ambiente. A própria organização do espaço entre o que está dentro do palco e o que está além, serviu como ponto de partida para a improvisação com a 6ª série. Ao atravessar o palco, o jogador mostrava para onde se dirigia ou de onde teria vindo. Amarrando os complexos cordões e mostrando a difícil aprendizagem de locomoção com o estranho calçado (patins), o jogador mostrava a preocupação de conseguir um sorvete para o qual já havia fila de espera.

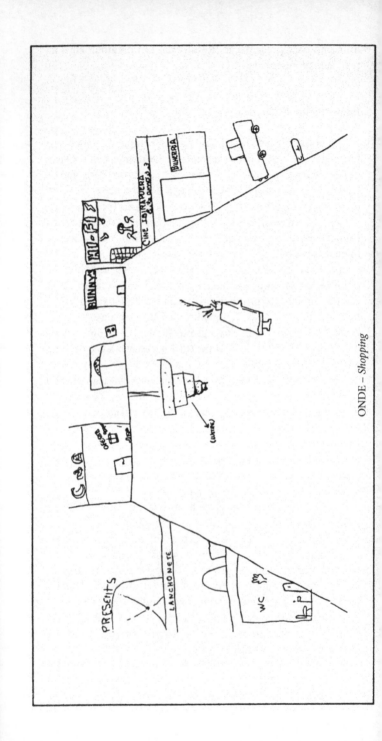

ONDE – *Shopping*

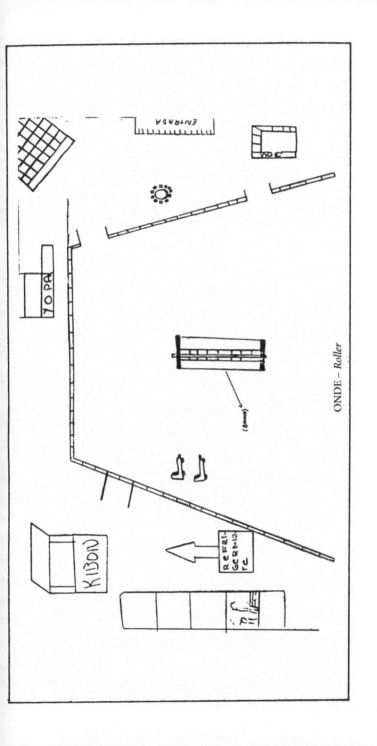

ONDE – *Roller*

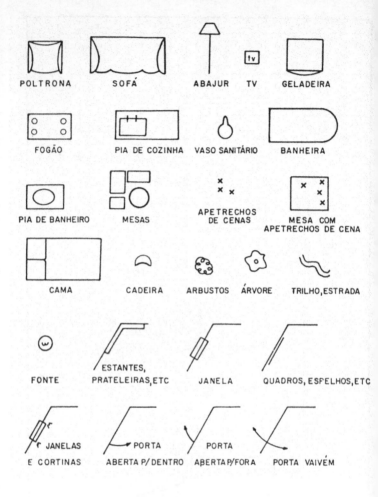

Ilustração 1. Símbolo para a planta-baixa[36]

À medida que cada participante vai acrescentando um objeto, obteríamos a seguinte representação:

36. *Idem*, p. 85.

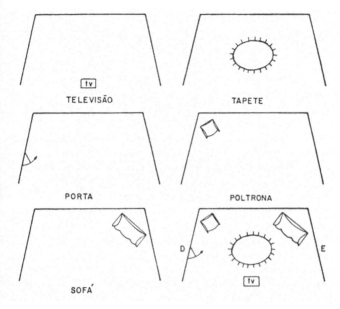

Ilustração 2. Construindo a planta-baixa[37].

Na prática com o sistema de plantas-baixas, fomos introduzindo uma série de modificações. Com os alunos do 1.º grau, a identificação do ambiente era realizada através do levantamento de três objetos essenciais que o caracterizassem. Por exemplo, quando mencionamos "varal, tanque, pregador", logo pensamos em quintal. Dessa forma, a seleção foi trabalhada desde o início, sem que houvesse necessidade de passar pelas salas de estar, cozinhas, banheiros, salas de aula etc. que estão implícitos nos exemplos apontados por Spolin.

A representação através do desenho foi utilizada em detrimento dos símbolos formais, por diversas razões. Em primeiro lugar, ela apareceu espontaneamente no grupo, que tinha grande prazer em realizar o desenho coletivo. Em segundo lugar, os símbolos formais eram excessivamente lineares para as imagens concebidas pelos adolescentes. Optei pela seleção de objetos essenciais que identificassem o ambiente, o que por si só já evitava que o exercício se transformasse em um jogo de associação e preferi deixar que o símbolo escolhido para a representação fosse elaborado pelo grupo. No decorrer do processo foram se conso-

37. *Idem*, p. 86.

lidando símbolos como cadeira ⊓, mesa ⊓⊤ e a elaboração do desenho foi sendo substituída pela realização de cenários, figurinos e adereços de cena nas aulas de Artes Plásticas.

No exemplo da oficina mecânica (8ª série), os objetos representados foram martelo, chave de fenda, alicate, caixa de ferramentas, pneu, carro, caminhão, prateleira com ferramentas, WC, calendário com mulher nua. Diversos grupos procuraram dar realidade aos objetos. O mecânico da oficina deitava-se embaixo do carro para consertar o motor. A madame não conseguia sequer abrir a porta do carro, porque estava com muita pressa. Enquanto reclamava histericamente com o mecânico, seu marido permanecia impassível, folheando o calendário. Outro grupo mostrava um piloto nervoso, enquanto os três mecânicos tentavam inutilmente consertar o seu carro. A chave não dava partida, o macaco não erguia o automóvel, a chave de fenda caía da mão, o piloto descia do carro, examinava o serviço, entrava no carro, ligava a partida, até que deu um solene pontapé no veículo e saiu da oficina xingando. Apareceram muitas formas de relacionamento com os objetos. Através da manipulação destes, os participantes mostravam *quem* eles eram e o que estavam fazendo na oficina. As personagens surgiram insensivelmente durante o jogo para o qual havia sido estabelecido apenas esquematicamente o *Quem* (piloto, mecânico etc.).

O *Onde* da 5ª série era um "boteco". No registro do palco os objetos representados foram mesa de bilhar, tacos, bolas, mesa com quatro cadeiras, balcão com caixa registradora, copo, garrafa, prato, talheres, WC, lâmpada, janela, quadro e teia de aranha. Evidentemente sempre havia um bêbado que esbarrava na mesa de bilhar, subia na mesa e pegava o taco que era transformado em guitarra (afinando o instrumento). O ladrão que entrou quando a dona do boteco estava preocupada em colocar as coisas em ordem carregou os talheres, duas bolas de bilhar e uma garrafa de pinga, da qual tomou um grande gole, antes de sair. O freguês que entra pede aguardente para a dona do boteco, que procura nas prateleiras a garrafa adequada. O momento em que o líquido descia pela garganta do freguês e o soluço altissonante foram identificados como momentos em que a realidade do *Onde* ficou mais clara.

Preocupado em mostrar para a plateia a realidade do objeto imaginário, o jogador trabalha com um problema de comunicação – elabora uma linguagem. A partir de uma longa experiência com teatro de improvisação, Spolin esclarece a razão pela qual a emoção e o conflito não são objeto do jogo no início do processo:

O conflito só deve ser dado quando os jogadores compreenderem o Foco (objeto) para criar relações. Se estas condições forem dadas muito cedo, os jogadores vão criar envolvimentos entre si, realizando cenas emocionais e subjetivas ou travando batalhas verbais. Este é um ponto importante e difícil de compreender. De fato, esta autora usou o conflito nos primeiros anos de seu trabalho como parte dos exercícios do Onde. Parecia útil, pois invariavelmente criava atividade de palco (quando não era no nível do "Foi você" e "Não fui eu"). Isto acontece porque, ao criar o envolvimento direto, invocava sentimentos pessoais e tensão nos jogadores e, em muitos casos, estava próximo do psicodrama. Aos jogadores dava a impressão de que estavam "interpretando". Como trabalhamos com uma forma de arte, as emoções pessoais dos jogadores devem ser destiladas e objetivadas através da forma com que estão trabalhando – a forma de arte insiste nessa objetividade. Apesar desse fato óbvio, no entanto, o conflito parecia "dar vida" para os exercícios do Onde.

Com o tempo ficou evidente que, embora os jogadores usassem os *objetos físicos* do Onde, para mostrar conflito, muitos aspectos desagradáveis de subjetivismo (tais como emocionalismo e batalhas verbais) apareciam como resultantes. Além disso, havia pouca progressão nas cenas, se é que havia alguma. Foi importante notar, no entanto, que apesar dos aspectos "desagradáveis", o conflito sempre gerava tensão e liberava energia (ação física). Foi somente depois que a autora veio a Chicago para dirigir oficinas de trabalho e pôde discutir este ponto muitas vezes com Paul Sills (diretor de Second City), que a questão do conflito foi finalmente resolvida. A mesma tensão e liberação gerada por meio do conflito podem ser atingidas pelo jogador quando ele se atem ao problema da forma como está sendo apresentado pelo Foco (objeto) e não se lhe permite que se perca em contar histórias ou fazer dramaturgia.

Ficou evidente que o envolvimento dos jogadores entre si (produzido pelo conflito), em vez de criar envolvimento com o objeto (como é produzido pelo Foco), era na maioria das vezes um empurra-empurra mútuo (que é confundido em nossa mente com ação dramática), para chegar ao seu objetivo. De forma alguma, significava um processo do qual poderia desenvolver-se improvisação de cena. Por outro lado, a relação entre os jogadores, criada por meio do envolvimento com o objeto, tornava possível tensão e liberação objetivas (ação física), e ao mesmo tempo produzia improvisação de cena. Acontece desta forma porque, quando o conflito permanece na área emocional, não é possível fazer surgir o intuitivo, o que ocorre ao permitirmos que o Foco trabalhe por nós.

Quando os jogadores estão absortos (envolvidos) apenas com a história, o conflito é necessário. Sem ele, a cena ficaria enrascada e pouca ou nenhuma ação acontece. No melhor dos casos, é divertimento e ação imposta e, na maioria dos casos, gera psicodrama. Quando o sentido de processo é compreendido e se entende a história como o resíduo do processo, o resultado é ação dramática, pois a energia e a ação de cena são geradas pelo simples processo de atuação. Evitando-se constantemente que os jogadores fizessem dramaturgia e clarificando continuamente

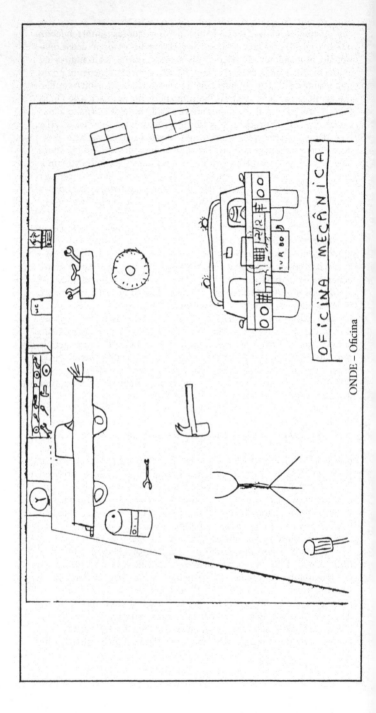

ONDE – Oficina

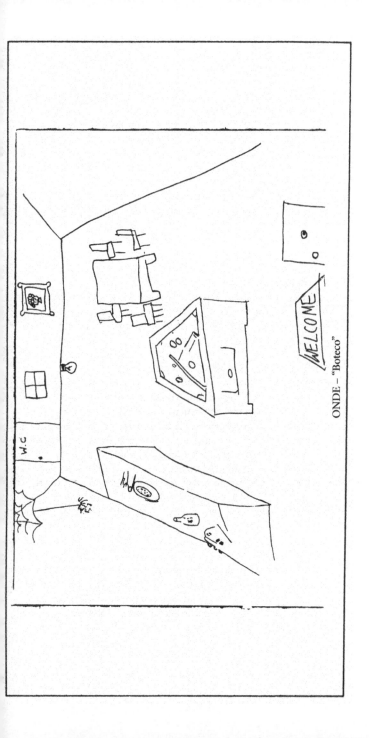

ONDE – "Boteco"

a oposição entre processo e história, descobriu-se que o conflito não era mais necessário para gerar ação no palco e, dessa forma, este exercido, com seu emocionalismo e batalhas verbais, caiu em desuso[38].

Neste depoimento de Spolin encontramos o princípio para o encaminhamento do processo com os Jogos Teatrais. Procurei caracterizar alguns parâmetros a partir da prática em uma escola de 1.° grau. A representação pode tornar-se a manifestação mais caricata do gesto imitativo superficial, como pode ser carregada de significado. O limite é frágil, principalmente quando trabalhamos com adolescentes ou crianças.

Ao apontar para a necessidade de fundamentar o trabalho de Teatro-Educação nas características da linguagem, visualizamos no trabalho de Spolin uma larga experimentação com teatro de improvisação, que nos fornece algumas referências claras, para a condução da atividade.

Embora *Theater Game File* seja o resultado de um projeto experimental, que mostrou que o jogo pode trazer uma contribuição importante para a formação de professores e para a ampliação do universo perceptivo do aluno, a preocupação central deste trabalho é com o teatro dentro da área de educação artística, onde ele ainda ocupa um lugar pouco privilegiado e muitas vezes ambíguo. Toda didática sugere que, seguindo um esquema de procedimentos, podemos adquirir uma maior compreensão da matéria com a qual trabalhamos. A técnica de Jogos Teatrais propõe uma aprendizagem não-verbal, onde o aluno reúne os seus próprios dados, a partir de uma experimentação direta. Através do processo de solução de problemas, ele conquista o conhecimento da matéria. O Foco é ao mesmo tempo um catalisador para o jogo e uma forma de criar unidade orgânica na improvisação.

A didática tem por objetivo manter o nível de espontaneidade em cada momento do processo, evitando o recurso a explicações expositivas sobre o teatro. A relação palco/plateia é presente desde o primeiro momento, sem que isso implique na formalização durante o processo de criação, ou seja, ao nível de técnicas ou habilidades para a representação. A convenção é respeitada enquanto essência do teatro, ao passo que a formalização é um objetivo a ser atingido através do método de improvisação. O conteúdo da improvisação surge sempre do grupo. No jogo, o grupo lida portanto com a realidade próxima. O conteúdo manifesto é trabalhado na realidade do palco, sendo objetivado pela necessidade de comunicação com a plateia. A "técnica" é substi-

38. *Idem*, p. 224.

tuída pela conquista desse processo de comunicação e o Foco é o instrumento de descoberta da linguagem. A partir da relação de jogo, a aprendizagem não é compartimentada. O sentido da descoberta visa não apenas à criação de realidade no palco, mas implica a transposição do processo de aprendizagem para a estrutura total do indivíduo.

4. PROJETO EXPERIMENTAL COM CRIANÇAS E ADOLESCENTES

O Projeto

A primeira vez em que trabalhamos com um grupo de crianças e adolescentes, utilizando os Jogos Teatrais, foi em 1978, através de um projeto, subvencionado pelo Serviço Nacional de Teatro, para teatro experimental. Foram formados dois grupos, um de crianças de 9 a 12 anos, e outros de adolescentes de 12 a 15 anos, por meio da divulgação de um curso, que foi realizado no Teatro Studio São Pedro, mediante contrato de cessão pela Comissão Estadual de Teatro.

Os grupos de crianças e adolescentes foram formados a partir de anúncios publicados nos jornais *O Estado de São Paulo*, *Jornal da Tarde* e *Folha de S. Paulo*. A Secretaria de Cultura, Ciência e Tecnologia patrocinou o projeto. O curso foi também divulgado pela Rede Globo de Televisão, no programa Globinho, nos dias 14 e 15 de setembro de 1978. Não houve outro critério de seleção, senão o limite de faixa etária (de 9 a 15 anos). Foram constituídos dois grupos, com os seguintes participantes:

Grupo de crianças de 9 a 12 anos: Daniela Pancrazio, Fábio Weintraub, Kátia Cilene Gonçalves, Milena Leal, Patricia Weintraub, Sérgio Cymrot, Sérgio Weintraub, Sarita Teixeira da Silva, Tamara Melnik, Henri.

Grupo de adolescentes de 12 a 15 anos: Anna Carolina Salen, Anna Carolina Camargo, Dirce Alpha, Edna Silveira, Flávia Pires de Oliveira, Fúlvia Libertini, Gisele Kolber, Lilian Starobinas, Luís Antônio Moraes, Paulo Henrique Bogo, Lúcio Rúbio, Renata Mandelbaum.

O curso foi iniciado em 30 de outubro de 1978, com dois encontros semanais, às 3ᵃˢ e 5ᵃˢ feiras, no seguinte horário:

das 14:00 às 15:30 horas: crianças de 9 as 12 anos.

das 15:00 às 17:30 horas: adolescentes de 12 a 15 anos.

Frequência

Outubro

Dia	3	5	10	12	17
9-12 anos	7	10	7	8	8
12-15 anos	6	11	9	14	10

Dia	19	24	26	31	
9-12 anos	8	7	8	8	6
12-15 anos	11	9	8	6	

Novembro

Dia	7	9	14	16	21
9-12 anos	6	9	6	6	
12-15 anos	9	8	11	9	8

Dia	23	28	30
9-12 anos	8	8	8
12-15 anos	8	10	8

Relacionamos na lista de presença dez crianças no primeiro grupo, e doze adolescentes no segundo grupo. O curso era gratuito e os participantes não assumiram nenhum tipo de obrigatoriedade quanto à frequência. No primeiro dia de aula houve comparecimento de um número menor de alunos, enquanto na segunda aula ele aumentou. Houve ainda alguma flutuação durante o processo, mas podemos dizer que a frequência média foi acima de 70%. Nos dois grupos houve a formação de grupos nucleares, constituídos por aquelas pessoas que tinham frequência constante e participação mais ativa.

Foi realizado um total de dezesseis encontros, com cada grupo. Paralelamente, fizeram-se reuniões entre os orientadores Eduardo Amos e eu, com o objetivo de preparar as aulas e avaliar o processo.

O Objetivo com o Grupo de Crianças

A organização do curso visava verificar a adequação dos jogos teatrais para crianças e adolescentes. Na proposta de Spolin encontramos um desafio: levar a criança a efetuar a passagem do jogo dramático para o jogo teatral. Esta colocação gerou inicialmente fascinação e perplexidade. A fascinação se originava na possibilidade de estruturar o jogo das crianças através de regras que realizassem a transição do jogo egocêntrico para o jogo cooperativo. A perplexidade surgiu quando encontramos o grupo de crianças: algumas eram agressivas e impunham suas próprias necessidades, enquanto outras eram tímidas e retraídas. O limite de atenção era curto e ninguém escutava o outro por muito tempo. O problema que se colocava para os orientadores era: como podemos focalizar a atenção do grupo? Inicialmente, não tínhamos um grupo, mas apenas um conjunto de crianças. O trabalho foi desenvolvido no sentido de criar confiança e sentimento de grupo.

O Processo

Utilizamos livremente os jogos de Spolin*, fazendo também adaptações de jogos tradicionais brasileiros, conhecidos das crian-

---

* Para a tradução de *Improvisação para o Teatro* foram realizadas substituições de jogos tradicionais norte-americanos por jogos tradicionais brasileiros. Apesar de o conteúdo do jogo diferir de uma cultura para outra, existem elementos estruturais subjacentes, que são comuns. Quando dei um curso de Educação Artística em São Luís do Maranhão, convidada pela PRODIARTE, me surpreendi quando os alunos citaram jogos tradicionais que constavam de *Improvisação para o Teatro* e que tinham sido mantidos na sua versão original.

ças. Os encontros iniciais foram marcados pela familiarização com o sistema de trabalho e pela tentativa de estabelecimento de vocabulário comum entre orientadores e participantes.

Os jogos de regras logo se mostraram eficientes, porque permitiam a participação contínua e simultânea de todos, e não havia a necessidade de longas explicações. Na medida em que as crianças participavam dos jogos, que dependiam de cooperação, começaram a experimentar a satisfação de trabalhar juntas.

Nos primeiros encontros foram realizados jogos de regras tradicionais, retirados de *Improvisação para o Teatro**, e jogos sugeridos pelas próprias crianças.

1º encontro

Além da apresentação dos participantes, foi realizado o "Jogo das Três Mudanças". Os jogadores formavam duas fileiras, uma de frente para a outra. Cada jogador observava a pessoa que estava à sua frente – o cabelo, a roupa etc. Então os jogadores viravam de costas um para o outro e efetuavam três modificações na sua aparência física (por exemplo: desapertavam um lenço no pescoço, desarrumavam o cabelo, soltavam o laço do sapato etc.). Os jogadores voltavam então a se olhar de frente. Cada jogador devia identificar as mudanças que o parceiro efetuava, e verbalizar suas descobertas. Em seguida, os parceiros de jogo foram trocados, até atingir sete modificações.

Este jogo propõe regras definidas, ao mesmo tempo em que permite improvisação de ações e relacionamento entre todos os parceiros de grupo.

2º encontro

No segundo encontro também foram realizados principalmente jogos tradicionais, até que um dos meninos do grupo propôs "Três Mocinhos de Europa", que é um jogo de mímica, onde são formadas duas fileiras, uma de frente para a outra. Cada grupo combinava alguma coisa, que iria comunicar para a outra fileira. O primeiro grupo aproximava-se do segundo, que devia adivinhar sua proposta. O jogo era precedido pelos seguintes versos:

---

* No final do capítulo fizemos um levantamento dos jogos realizados com as crianças e os adolescentes e citamos a fonte.

Somos três mocinhos de Europa.
O que vieram fazer?
Muitas coisas bonitas.
Então faz para a gente ver.

A iniciativa partiu de um participante do grupo que agora propunha as regras para o grupo.

O jogo de mímica permitiu o primeiro contato com a plateia, quando foi acrescentada uma nova regra de jogo: em vez de formar duas fileiras, uma de frente para a outra, cada grupo comunicava o combinado para a plateia, formada pelos colegas. Havia um palco italiano no Studio São Pedro, onde trabalhávamos.

3º encontro

Nesse encontro também foram realizados principalmente jogos tradicionais e retomamos "Três Mocinhos de Europa", introduzindo uma nova regra: cada grupo deveria combinar apenas uma atividade, que seria comunicada à plateia.

Ao analisarmos a sequência dos três primeiros encontros, é fácil verificar que o jogo de mímica foi inicialmente desenvolvido como jogo tradicional, onde as crianças narravam uma história através de gestos. O campo de jogo foi delimitado, através da introdução de uma nova regra de jogo, que era *mostrar uma atividade*, com o objetivo de quebrar a linearidade (história) e possibilitar a concentração em uma ação. Enquanto no jogo de mímica o gesto era superficial e generalizante, a concentração em uma atividade levou ao detalhamento. As atividades realizadas foram: lavar roupa, carregar um balde de água, torcer as peças, estender no varal. Dessa forma, começou a aparecer a realidade dos objetos (balde, pregador de roupa, água, camisa etc.) e uma primeira configuração de espaço (varal, tanque, torneira etc.).

A partir de uma sequência de avaliações após os jogos, surgiu a conclusão do grupo:

1. "então uma situação é um conjunto de atividades e uma história é um conjunto de situações";
2. mostrar a atividade não é um jogo de espelho.

É possível descobrir muitas formas de mostrar a atividade. Em um dos jogos se configurou a seguinte cena: uma família sentada em torno de uma mesa comendo macarronada, e as pessoas comiam tanto (a atividade proposta pelo primeiro jogador havia-sido "comer"), que começaram a ficar cada vez mais lerdas, com o estômago cada vez mais pesado. No jogo da atividade desapareceu a preocupação com a história, e surgiu a relação de jogo através da ação física de comer. Os pedacinhos de carne ficaram entre os dentes, a boca se aproximava do garfo para comer o macarrão e via-se o alimento descer pela garganta dos participantes. Na avaliação, foi estabelecida a diferença entre "fazer de conta" e "tornar real".

4º encontro

Através das avaliações e da atuação no palco, pudemos constatar que o Foco na atividade ficou claro para o grupo. No quarto encontro, iniciado também por meio de jogos de regras que asseguravam a concentração de atenção e promoviam o encontro dos participantes em torno de um objetivo comum, fizemos uma experimentação com o sistema. A proposta dada ao grupo foi a seguinte:

O primeiro jogador subia ao palco e propunha uma atividade. Os parceiros iam entrando sucessivamente, auxiliando o primeiro a mostrar a atividade. O Foco do jogo era na atividade, que devia ser sustentada por todos. Enquanto o jogo estava se desenvolvendo, os orientadores deram instruções. A atividade proposta pelo primeiro jogador foi andar. Entraram três parceiros e o Foco na atividade (andar) foi mantido. As instruções dadas durante o jogo sugeriam ambientes diferentes (areia, pedras), climas (chuva, sol, frio, calor), horas do dia (de noite, de manhã cedo), personagens (pedreiro, bêbado, criança). A seguir, está a avaliação do jogo, realizada imediatamente após o seu término*:

& Qual era a atividade?**
• Andar.
& Eles mantiveram a atividade o tempo todo?
• Foi.
• Mas eles não pegaram nenhum objeto.
& Nós jogamos o jogo de pegar um objeto ou o jogo de mostrar uma atividade?

---

* No trabalho com as crianças foi encontrada uma nova forma de relatar o processo, através dos depoimentos dos próprios participantes. Isto evita a forma abstrata, generalizante e fria das conclusões que caracterizam relatórios, na medida em que as próprias palavras das crianças vêm carregadas de significado e traduzem mais fielmente a experiência. Dessa forma, a transcrição das avaliações realizadas pelos grupos constitui um meio mais adequado para comunicar um trabalho desse tipo.

** O símbolo (&) é usado sempre que um dos orientadores participa do diálogo.

O símbolo (•) corresponde à fala dos participantes.

- O jogo de mostrar uma atividade.

& A atividade deles se modificou?

- Não.
- Sim, se modificou.
- Se modificou.

& O que se modificou na atividade?

- O jeito de andar.
- Eu só sei que na hora da chuva a Pati fez com a maior calma.

& Eles andaram sempre do mesmo jeito?

- (em coro) Não.
- Andou correndo.
- Uma hora ele arrastava o pé, outra hora ele corria.

& A gente anda igual em todos os lugares?

- Não.
- Quando tem um monte de pedras, a gente anda com mais dificuldade.
- Quando é liso a gente não tem dificuldade.

& Dava para a gente ver lugares diferentes?

- Não.
- Eu não consegui ver.
- Eu consegui. Eu consegui ver tempos diferentes. E lugares também. Quando eles estavam na praia. Quando entrou areia nos olhos, estava o maior temporal. Outra hora eles estavam em casa, andando como que indo para a cama, cansados. Outra hora eles estavam num deserto, num sol escaldante.

& E as pessoas, todas as pessoas andam do mesmo jeito?

- Não.
- O Henri andava assim, mais pesado, a Milena corria, a Pati andava com a maior calma.

& Um pedreiro anda igual a um bêbado?

- Não.
- Pedreiro é mais…
- Mais firme.
- Não.
- Mais indiscreto.
- Não.
- Eu sou bem discreto.

& E um bêbado anda igual a um motorista de ônibus?

- Não.
- Motorista de ônibus só anda correndo.
- Cada um tem um modo típico de andar.
- Ah, pô. Fábio, dá um tempo.
- Pô, Fábio.

Através da avaliação, é possível verificar que o grupo sustentou o Foco na atividade (andar) e que as instruções dadas durante o jogo provocaram modificações no gesto. Os jogadores respondiam através de alterações no movimento e na ação – as crianças observaram diferenças no "jeito de andar". A mesma proposta foi realizada diversas vezes. Transcrevemos as avaliações:

- Eles misturaram muita coisa.
- Muitas coisas aconteciam juntas.
- Misturaram muitas atividades. Bolinha de gude.
- Eu vi espingarda. Tiro ao alvo.
- Sinuca.
- & Qual foi a atividade que o grupo comunicou para nós?
- Sinuca. Eu também vi.
- Eu vi sinuca.
- Era sinuca.
- & O que o grupo tinha combinado?
- Sinuca.

Outro Grupo:

- & Qual foi a atividade que eles comunicaram para nós?
- Pescar.
- & O que se modificou no jeito de pescar?
- Eles estavam cansados.
- A vontade de pescar.
- A hora do dia.
- Eu catei um lenço e passeio no rosto e depois de noite eu estava quase dormindo.
- A gente já ia quase desistindo de pescar.
- Uma hora eu quase esqueci a vara.
- & É diferente a gente pescar no mar e pescar na beira do rio?
- Eu acho.
- No mar a água é diferente. Tem ondas.
- A cor da água é diferente.
- & A gente usa a mesma força na beira do rio e na beira do mar?
- No mar a gente tem que fazer mais força.
- No rio a gente esqueceu que podia pular piranha. No rio não tem piranha?
- & Eles contaram para a gente que estavam pescando ou eles mostraram que estavam pescando?
- Mostraram.

Este último jogo contou com a participação de seis crianças. As instruções dadas durante o jogo ajudaram o grupo a manter o Foco na atividade (no exemplo, "pescar"). A atuação no palco demonstrou que os jogadores estavam trabalhando com atenção concentrada. Observamos uma modificação no grupo, que foi a diminuição de agitação e preocupação de "fazer alguma coisa no palco". As ações surgiam do Foco e a cena que apareceu como resultado tinha todas as características dos pescadores ocupados durante horas a fio apenas com a sua atividade.

Através da descrição dos primeiros quatro encontros com as crianças, mostramos como foram introduzidos os jogos teatrais para essa faixa etária. Durante a sequência do processo, foi realizada uma série de jogos com o objeto imaginário. As propostas foram problemas colocados ao grupo, que eram solucionados durante a atuação no palco. A avaliação que segue foi realizada depois que as crianças trabalharam com o problema de dar realidade ao objeto entre dois:

& Qual foi o objeto que eles comunicaram para nós?
• Lençol.
• Lençol.
& O objeto estava entre eles ou cada um tinha um objeto?
• Tinha um objeto só.
& Como era esse lençol? De que cor?
• Verde.
• Quadrado.
• Branco.
& Ele aumentou de tamanho?
• Aumentou.
• Às vezes ele ficava mais comprido, às vezes mais largo.
• Quando alguém dobrava sem ver o outro (parceiro).
& Se os dois ficassem (jogassem) o tempo todo juntos, eles não podiam deixar o lençol sempre do mesmo tamanho?
• Podiam.
• Podiam.
• Podiam até puxar assim, que não ia mudar de tamanho.

Outro Grupo:

& Qual foi o objeto que estava entre eles?
• (em coro) Cabo de Guerra.
• Mas tem uma coisa. Às vezes a corda mudava de tamanho. Ela ficava pequena e grande.
• Teve uma coisa que apareceu na maior parte do tempo que eles estavam fazendo, sabe o que era? A corda ia aumentando.
& A corda aumentava e diminuía de tamanho?

- É.
- A não ser que tivesse corda sobrando no meio. Ela estava sempre puxando e ele também.

& A gente conseguiu ver a corda?
- Eu consegui.
- Eu consegui.
- Eu consegui.
- Era uma corda grande e grossa.

& Eles mostraram a corda para nós ou eles contaram para nós que estavam jogando Cabo de Guerra?
- Não, eles mostraram.
- Mostraram.

Outro Grupo:

& Qual foi o objeto que eles comunicaram para nós?
- Uma escada.
- Mas uma escada pode ser movimentada por um e não por dois.
- Não precisava de dois.

& A gente pode colocar uma escada entre duas pessoas?
- Pode, pode.

& Eles estavam subindo a mesma escada?
- Não.

& Cada um estava subindo uma escada?
- É. Cada um estava subindo uma escada, mas um estava subindo a escada atrás do outro. A escada era enrolada.

& Como era essa escada?
- Era uma escada em caracol.
- Eu pensei que fosse uma montanha em caracol.

Outro Grupo:

& Qual foi o objeto que eles comunicaram para nós?
- Barco a remo.
- E eles estavam no ritmo certo. Quando a Tamara ia remar, o Henri ia remar também.
- Mas tem um negócio, um barco a remo você pode andar com uma pessoa só remando.

& Eles mostraram para nós que estavam num barco a remo?
- Mostraram.
- Otimamente.

& Ou cada um tinha um barco diferente?
- Não, era o mesmo barco.
- Porque eles não estavam separados. Eles estavam a pouca distância. Se eles estivessem a grande distância, seria um barco de cada um.

& Era a distância que fazia eles ficarem juntos?
- Não.
- O remo.
- A velocidade que eles iam remando.
- O ritmo. Por exemplo. Quando eu estou balançando para cá, ele está indo para lá, e quando ele está vindo para cá eu estou indo para lá.
- Quando a Tamara punha o remo na água, o do Henri saía da água. E quando o Henri entrava na água, o da Tamara saía da água.

Na avaliação das crianças, evidencia-se uma característica do processo, que é a solução de problemas. O grupo combina o objeto que vai ser comunicado à plateia e trabalha no palco com o objeto entre eles. As observações da plateia partem do foco estabelecido (objeto entre dois), o que resulta na verificação da solução dada pelos jogadores. Através da discriminação do objeto (aumentava de tamanho, escada em caracol, velocidade do remo), a plateia realiza uma observação detalhada do gesto.

Um dos pontos principais a ser ressaltado quanto ao grupo de crianças é o da conscientização do processo de teatro. Num primeiro momento, não havia para o grupo diferenciação entre o jogo espontâneo e o jogo teatral (reconhecimento da regra). Inicialmente, quando as crianças subiam ao palco, este se constituía num prolongamento da sua realidade cotidiana. Elas mantinham o mesmo ritmo, as corridas eram as mesmas que realizavam lá fora, os gestos eram iguais, o espaço era concebido da mesma forma. Nos primeiros encontros, importava mais ir para o palco e "fazer-alguma-coisa".

Nas últimas sessões, verificamos diversas modificações no grupo: o vocabulário é utilizado de forma instrumental para a observação do que acontecia no palco e o gesto tornou-se intencional, visando à comunicação com a plateia. O sentido de tempo começou a aparecer durante a atuação no jogo.

A transformação mais marcante foi a socialização entre os participantes. Essa socialização se deu num nível tão profundo, que foi propulsora de outras modificações. O índice foi a diminuição da agitação que caracterizava o grupo, que passou a ter um clima de trabalho sereno. Verificou-se a diminuição da ansiedade e principalmente da agressividade que caracterizavam os relacionamentos (espírito de competição). Esses comportamentos iniciais cederam lugar ao respeito pelo trabalho e opiniões dos parceiros, e afetividade entre todos os membros do grupo, que se evidenciaram na amizade que se criou.

A Experiência com o Grupo de Adolescentes

O adolescente é um marginalizado do teatro brasileiro. Raras são as peças dirigidas especialmente a essa faixa etária. Os espetáculos infantis lhes são monótonos e carentes de significado, e o teatro "adulto", que poderia propiciar uma experiência mais rica, torna-se inacessível, pela presença da censura. A maior parte da população disponível para o teatro está deliberadamente fora de seu alcance.

Muitos jovens vivem de dez a vinte e cinco horas por semana a relação palco/plateia, seja diante da televisão, ouvindo rádio ou assistindo filmes – mais tempo do que passam na escola, em alguns casos. Perplexos com o impacto da televisão, nos perguntamos como agir diante dessa realidade. Sem formular uma compreensão e análise daquilo que vê, o público identifica no gesto pasteurizado seus modelos. Uma análise da interferência negativa dos conteúdos dos programas para a formação do jovem não esgota ainda o problema, que reside na atitude passiva que a audiência durante horas a fio gera no indivíduo.

O teatro, enquanto proposta de educação, trabalha com o potencial que todas as pessoas possuem, transformando esse recurso natural em um processo consciente de expressão e comunicação. A representação ativa e integra processos individuais, possibilitando a ampliação do conhecimento da realidade.

Ao organizar o curso para o grupo de adolescentes, o objetivo que nos colocamos foi o desenvolvimento de uma linguagem, potencialmente inata em todos os indivíduos, mas marginalizada. Nesse contexto, a função da representação era a elaboração da realidade observada e a reflexão sobre o significado da ação de representar.

O objeto de observação mais próximo para avaliar a estrutura do gesto era o reconhecimento do próprio corpo. Através do jogo de improvisação, trabalhamos com a resistência característica dessa faixa etária em utilizar o próprio corpo e ocupar o espaço físico.

No décimo encontro, por iniciativa dos participantes, foi realizada uma avaliação do processo. A pergunta colocada para os orientadores foi: "Onde vocês querem chegar?"

Solicitamos que os adolescentes fizessem um depoimento individual, onde responderam a duas perguntas:

1. Que você esperava do curso quando veio para cá?
2. Como você sentiu o processo?

Algumas das respostas eram um índice claro das expectativas:

- Esperava saber como começa (a fazer teatro).
- Eu queria saber o que existe dentro de tudo isso (do teatro).
- Pensava que fosse representar, fazer alguma coisa maior.
- Pensava que ia estudar texto e formar um personagem.
- No começo eu pensei que eles (os orientadores) iam testar a capacidade de cada um e decorar textos depois.
- Eu pensei que ia sair daqui sendo alguma coisa.

Quanto à percepção do processo, as declarações mais significativas foram:

- Estou sentindo que os jogos são um pouco infantis e monótonos.
- Os jogos que a gente faz ajudam a assistir peças.
- Depois disso a gente repara mais no que as pessoas falam, no que as pessoas fazem.
- A gente sai daqui e acaba, quinta-feira tem mais.
- Eu venho vazia e volto cheia de coisas.
- Eu comecei a admitir coisas que antes eu não admitia; que existe um espaço entre a gente que precisa ser usado.

Durante essa avaliação, foi levantada pelos participantes uma questão, amplamente debatida: "Eu queria saber se isso aqui tem alguma coisa a ver com a vida de cada um?"

O próprio fato de a pergunta ter sido colocada foi um índice claro de que havia continuidade entre as percepções alcançadas nos encontros e a realidade de cada participante. A discussão que se seguiu demonstrou que esse processo já se havia iniciado. Através das declarações, evidencia-se que o jogo de improvisação provocou o reconhecimento de contato mais direto com a realidade, através da observação de situações e pessoas no cotidiano.

Com o objetivo de favorecer a transposição do processo de aprendizagem, foi realizado no encontro seguinte um trabalho que tinha como ponto de partida a percepção do movimento. A proposta dada ao grupo era que os participantes deveriam erguer e abaixar os braços dentro de um ritmo constante. Ao realizar o movimento, o jogador trabalhava com o Foco no "Não-movimento". Durante a avaliação, os adolescentes dão o exemplo de uma série de fotografias que, quando folheadas, criam uma imagem em movimento. Após a experiência no palco, pediu-se que fixassem durante a semana momentos escolhidos por eles do seu cotidiano e os trouxessem por escrito. A hora do dia e o momento deveriam ser anotados de forma telegráfica. Os momentos registrados foram:

7:00 – cara jogando bola numa cesta;
7:30 – levantando o braço para ver as horas;
12:30 – pulando na piscina;
14:00 – mulher caindo num buraco.

9:00 – homem sentado escrevendo, na portaria do edifício;
12:00 – homem assobiando;
15:00 – mulher fumando cigarro lá embaixo, eu estava na janela do meu prédio;

18:00 – criança dormindo.

8:30 – água caindo do chuveiro;
10:00 – ônibus: cara levantando a mão para segurar no trilho;
15:00 – riscando fósforo para acender o cigarro;
15:30 – meu irmão jogando bola – eu vi a bola.

Após os relatos dos momentos fixados por cada um, seguiu-se uma pequeno debate sobre o exercício. O grupo explicava para Paulo que havia faltado na aula anterior o que é o "Não-movimento".

- Paulo, é você sentir alguma coisa que você nunca sentiu antes. Mas cada um tem o seu, muito particular.
- É… Quando eu estou levantando a mão, cada paradinha… Por exemplo, a Ana está girando a corrente. Cada movimentinho que a Ana faz com a corrente.
- O movimento da respiração, soltando a fumaça fora.
- É que nem a estrobo (luz estroboscópica). Você liga a estrobo, você só vê as pessoas dançando na hora que ela acende. Então fica meio gozado, você só vê o não-movimento.
- É que nem uma sequência de um filme.
- Uma sequência de fotos, mais ainda.
- Por exemplo, eu estou comendo. O Lúcio tira três fotos de mim…
- Quando eu vi a criança dormindo. Ela estava dormindo. Ela não estava fazendo praticamente movimento nenhum. Mas a própria respiração dela. Eu via direitinho as passagens da respiração dela.
- Quer um outro exemplo? Miu e Mao.

- Ou então, faz um desenho. Parece cretino, mas é um outro exemplo. Faz um desenhinho assim na ponta do caderno. Faz outro. Em outra cor. Depois você corre o caderno e vai ver o não-movimento.
- Acho que a gente está crescendo cada vez mais, né?
- Crescer também é o não-movimento. A gente não cresce continuamente assim, que nem massa de modelar que a gente estica. Acho que se a gente pegasse uma fita métrica e se medisse, acho que seria o não-movimento. Seguir o não-movimento dia-a-dia.
- Ou então você virando o botão do rádio. Mudar a estação do rádio daqueles que fazem tec-tec, tec-tec.
- Ou então desenterra uma antena.
- Tudo, tudo é o não-movimento.
- Qual é o antônimo de não-movimento?
- Movimento.
- Você já viu aquelas bonequinhas que a gente segura por um fio?
- Marionetes.
- Acho difícil notar o não-movimento numa coisa rápida. Por exemplo, o estouro de uma bexiga.
- A bomba atômica.
- E mesmo fechar a cortina é o não-movimento.
- Ah, mas aí fica muito amplo.
- O ventilador girando.
- Então tudo é o não-movimento?
- Tudo tem o não-movimento.
- E quando você não está fazendo movimento, o que você está fazendo?
- O movimento da sua respiração.
- E quando você está fazendo o não-movimento, o que você está fazendo? Vamos supor que eu parasse de respirar.
- Então você está morta.
- Ingrid, por exemplo, quando você está morta você não está fazendo nada. Você não está fazendo nem movimento nem nada.
- A parada cardíaca.

O processo com os jogos teatrais provocou nos adolescentes a consciência do momento presente e a percepção da realidade como algo em constante transformação. Uma outra característica do processo de aprendizagem é a ausência de linearidade – os *insights* obtidos são transferidos para diversos níveis e situações, espontaneamente. É importante ressaltar que ao relacionar o "Não-movimento" com suas próprias experiências, em momento algum encontramos a projeção subjetiva de emoções ou vivências passadas. A descoberta se realiza a partir da percepção atual da realidade. Acreditamos que essa avaliação realizada com o grupo de adolescentes é modelar ao traduzir o espírito do sistema.

A diferença entre espontaneidade que surge da atuação baseada na ação física e inventividade (processo cerebral de associação de ideias) fica explícita através de um jogo, que já tem uma certa tradição entre as técnicas comumente utilizadas para desenvolver a criatividade, mas que é explorado por Spolin de uma nova forma. O princípio do jogo é muito simples: a primeira pessoa cria um objeto e passa para a próxima. O segundo jogador recebe o objeto e o transforma, entregando o novo objeto para o próximo etc. A inovação de Spolin na proposta do jogo implica a compreensão da função do Foco. Ao focalizar a transformação do objeto, o jogador não deve fazer uma história ou situação, mas simplesmente manipulá-lo, até que aconteça alguma coisa. Se nada acontecer, ele passa o objeto para o próximo, simplesmente. No comentário sobre o exercício, em *Improvisação para o Teatro*, Spolin afirma:

> Esse exercício é difícil de ser compreendido claramente pelos jogadores. Eles não devem transformar o objeto – ou o próprio objeto se transforma ou nada acontece. Nenhuma associação deve ser usada para levar a uma história. Se um jogador receber um pente, por exemplo, ele não deve criar um espelho e usar o pente[39].

Acreditamos que a avaliação realizada com os adolescentes reflete todo o processo do grupo:

& Vocês sentiram uma diferença quando o objeto se transformava e quando a pessoa impunha ações ao objeto?
• Eu senti.
& Qual era a diferença?
• Bom, a Renata fez, parecia um vaso. Aí fiz uma alcinha. Aí fui passando. Mas eu não peguei o objeto, amassei tudo e fiz outro, sabe?
• Algumas vezes o objeto sumia. Por exemplo, ele me entregou uma placa, aí eu peguei e enrolei a placa e entreguei um cano. Mas aí o cano sumiu.
• Eu senti uma diferença no peso. Para algumas pessoas o peso era um pouco diferente. O objeto crescia e diminuía.
• O Foco era na transformação do objeto. Esse objeto se transformava por si mesmo. Quando você pegou o objeto na mão, a gente viu o objeto se transformando. A gente viu a própria trans-

39. V. Spolin, *Improvisação para o Teatro*, p. 76.

formação, como ele ia mudando. Às vezes, pelo movimento de um dedo, qualquer movimento pequeno, já modificava o objeto.

- E a gente faz com que o outro veja o que a gente está sentindo na hora.
- A transformação surgia do movimento, surgia do corpo. Era tudo junto, ia pintando do movimento.
- Por exemplo, quando era a vez do Paulo, né, Paulo, de repente ficou comprido. Aquilo surgiu naquele momento.
- Eu senti uma coisa também. Que eu tentei unir assim, o corpo e a cabeça, sabe? Não é uma crítica, só uma observação. Eu achei que a Cris agiu só com a cuca. Ela não pegava o objeto, via o objeto e aí partia para alguma coisa. Eu achei, por exemplo, que quando era a vez do Luís, ela já imaginava se ia desfrutar ou fazer um banco.
- Ela fez uma história.
- Ela inventou uma história.
- Mesmo no fim quando ela jogou as laranjas. Ela quis contar para a gente que estava jogando três laranjas. E mesmo quando ela sentou no banco, ficou com medo de que a gente não entendesse que era um banco
- Eu achei que todo mundo mostrou. Só a Cris, que em certos momentos contou mesmo o que era: banco, as laranjas (a menina a que estava se referindo havia faltado em alguns encontros).

CRIS: Mas eu pensei que fosse uma história que todo mundo seguisse, quando eu começasse. Por exemplo, se eu sentasse e a Lilian continuasse. Eu queria fazer uma história. Por exemplo, se eu estava me sentindo cansada, quando você me entregou, eu pensei. "Eu vou fazer um banco, eu vou sentar no banco." Aí eu pensei: "A Lilian vai seguir o que eu estava fazendo".

- Mas você não pode imaginar o que a Lilian vai pensar. Por exemplo, quando eu te passei o objeto, nunca ia imaginar que você ia destruir tudo que fiz e ia fazer um banco.
- A partir do momento em que você recebe...
- Você tem que começar a partir dali...
- Exatamente. A partir do objeto que você recebeu. Não quando está na vez de alguém antes de você.

CRIS: Foi quando estava com você que eu imaginei.

- Você tem que imaginar naquela hora. Tem que sair na hora.

& Porque o objeto pode mudar, por exemplo, num momento era um elástico, de repente se transformou em um fio de linha?

- Eu fiz (com fio) assim, aí eu peguei e abaixei ele.
- Aí ele mudou de tamanho. E se transformou em uma bolinha de gude.

- Quando a Gisele, por exemplo, começou a fazer a bolinha, eu senti como se alguma coisa estivesse na minha mão. Era como um pedaço de argila, massa de modelar.
- É. Algumas vezes parecia areia e de vez em quando parecia massa.

Nessa avaliação, a diferença entre "mostrar" e "contar" é utilizada como instrumento para estabelecer uma diferenciação entre o gesto narrativo e a ação física. O processo com os adolescentes se desenvolveu através da eliminação gradativa de histórias ou situações em torno do objeto imaginário, substituídas pela percepção corporal. As ações improvisadas surgiam da atenção e mobilização física necessárias para solucionar o problema colocado pelo jogo. Na relação entre os participantes, isso implicava em estar aberto para o outro e interagir sem qualquer planejamento, imagem ou modelo previamente estabelecido. Nas observações dos adolescentes é claramente definida a necessidade de unir o nível físico (corpo) e o cerebral (cabeça), para que a relação de jogo pudesse fluir.

Durante o último encontro, foi realizada uma avaliação final do curso:

& Mudou alguma coisa desde a última avaliação que fizemos?
- Para mim mudou muito. Eu tinha um conceito de curso de teatro completamente diferente. Eu acho que até aquela avaliação curso de teatro era vir até aqui, estudar um texto, representar alguma coisa. Agora eu já acho que é um segundo passo. Não é uma coisa de cara, vai e faz. Acho que primeiro nós estamos precisando desta preparação.
- Acho que teve uma grande evolução.
- Eu acho que a gente não pode começar lá de cima, fazendo uma peça de teatro. Acho que primeiro tem que ter a base. Fazer esse processo que a gente está fazendo.
- Teve uma grande evolução. Quando a gente começou a gente tinha uma visão. Depois daquele debate modificou bastante. Era uma coisa e depois daquilo era uma coisa diferente. Ficou mais claro.
& Ficou mais claro?
- Sei lá, eu não tinha uma ideia do que era direito. Eu sabia que era um curso de teatro. Tinha alguma coisa a ver com teatro. Eu não tinha ideia do que podia ser. Eu pensava que teatro era outra coisa.
- O conceito de teatro mudou para mim. E o processo dos jogos que a gente fez começou a melhorar.

- O teatro ficou mais detalhado. Não ficou aquele negócio que teatro é aquilo que os atores estão fazendo no palco. A gente ficou, sei lá... tem tanta coisa atrás de cada movimento.
- Teatro não é aquilo que a gente vê, e que era a imagem que a gente tinha. Aquilo que os atores fazem no palco. Muitas coisas mais.
- É. Muitas coisas mais. A fisionomia, tal.
- Eu acho que o espaço também, o corpo. Com o decorrer do curso foi ficando mais claro. O corpo em relação ao espaço e vice-versa.
- Sentir o espaço que tem em volta da gente... Como é que você sentiu o teu espaço gelatinoso, Lilian?
  LILIAN: Cada um sente o seu. Depende do dia. Tinha dias que eu sentia o espaço fresco, tranquilo. Tinha dias que eu sentia no espaço um tumulto, uma intoxicação, asfixiada pelo espaço.
- Ingrid, não depende de como está o teu estado de espírito no dia?
- Eu senti sempre abafado o meu espaço.
- Pois é, no dia em que eu senti gelatinoso, Cristina, eu estava meio mole, sabe? Eu estava muito solta. Quer dizer, o meu espaço estava completamente assim mole também.
- Relacionado com o corpo.

& E para a Ana, o que se modificou da última avaliação para cá?
- Muita coisa, né? Porque para mim desde o começo do curso... Eu também tinha outra visão de curso de teatro. Não era isso. E eu vi que se a gente não tivesse feito esses jogos eu não ia nem ter noção do que seja teatro.
- A gente sempre viu pronto (o espetáculo).
- É, a gente sempre viu pronto. Para mim foi diferente. Foi bem diferente.
- A mínima chance de descobrir o que é. Quando você está fazendo uma peça, você está representando. Acho que é essa a grande diferença. Essa é a diferença que você decorar um texto e ir no palco e falar, sabe? E você viver uma personagem.
- Mas se você não sabe o que é teatro, é difícil, né? Você fazer teatro.
- Eu também acho.
- Porque você não tem aquele sentimento. Saber o que é teatro.
- Você não está representando. Você está apenas fazendo uma peça.
- Eu acho que não. Eu não tenho a mesma opinião.

& O que você acha?
- Eu acho que, sei lá... Quando você está fazendo uma peça você está representando (o garoto que está falando participou do

87

elenco de *Os Saltimbancos*, montagem profissional que utilizou crianças como atores).

- É por experiência própria que você diz isso?
- É. Digo por experiência própria.
- Mas você sentiu que você fez teatro ou você sentiu que fizeram teatro para você fazer teatro?
- Não, eu senti que eu fiz teatro. Eu acho que a partir do momento em que você está fazendo uma peça, você sente.
- Se uma peça, vamos supor, *Os Saltimbancos*, ou essa peça que eu estou fazendo (a participante está realizando um trabalho de montagem em um clube em São Paulo). Então é uma peça em que eu tenho que decorar um texto. Quer dizer, eu posso improvisar em cima do meu papel. Mas eu não vou poder sair daquilo. É aquilo.
- & Você tem uma margem.
- É, mas não vai sair daquilo.
- É. Mas tem uma grande diferença, Gisele. Sabe, você pode pegar um texto e decorar e falar "Oh Julieta, eu te amo". E você pode pegar a tua personagem e viver essa pessoa que você vê aí.
- Ah, bom. O que ela está querendo dizer.
- Aí está a diferença entre mostrar e contar.
- É.
- Se você não vive aquilo que está fazendo, você não está atuando.
- Aí você vira um boneco.
- Aí você está fazendo aquilo que os outros querem. Que nem o papo da vez passada.
- & Qual? Se a gente esquece quem a gente é quando está atuando?
- Aí você disse, né, Ingrid. Eu não esqueço que sou Ingrid. Estou vivendo, mas ainda sou Ingrid. Aí até a gente falou… Você não é Ingrid, você é a tua personagem.
- Eu também acho que quando você está atuando você não é Ingrid, você é a tua personagem.
- & Quer dizer que quando você está atuando você esquece a tua identidade?
- Não é que você esquece.
- Você se desliga dela.
- É. Você se desliga.
- Você tem que esquecer que você tem que pagar a conta do gás.
- As coisas mais supérfluas do cotidiano, mas as coisas principais ficam.
- É porque você se concentra no Foco.
- & O que é o Foco?
- Posso responder? Para mim o Foco é a ideia central. A gente pode trabalhar em cima, mas não pode deixar que ela passe

despercebida. A gente pode criar em cima mas não pode deixar que ela desapareça.

& É uma *ideia* central?

• É um objetivo.

& É um lugar onde a gente chega?

• Não. Tinha que sair dele.

• É um lugar que você tinha que marcar.

• É aquela parte que tem que ficar bem clara. O Foco tem que ficar marcado. Mas pode criar em cima.

• Para mim o Foco é por exemplo comer. Então eu não posso sair do Foco.

• Mas você pode comer de vários modos.

• É. Eu posso comer de vários modos, mas sempre o Foco é comer. Quer dizer, sustentar o Foco. Como tirar o objeto da substância do espaço. Eu posso tirar qualquer objeto que eu quiser, mas o Foco é no espaço.

• Para ficar claro para a plateia.

& Como foi que vocês sentiram a relação com a plateia?

• Medo.

& Você tinha medo da plateia?

• Medo da reação que ela ia ter.

• Aqui não.

• Eu tinha que transmitir alguma coisa para a plateia.

• Quando a gente acabava e descia daqui, eu ficava com medo. Não sabia o que eles iam falar.

& A relação com a plateia foi sempre igual?

• Não.

• Só quando... depende da gente. Tinha vezes que eu chegava aqui, no começo, e me sentia insegura.

• Com medo de errar.

• É. Com medo de errar.

• Não medo de errar, porque não tem errado.

• No começo, sim.

• Para mim modificou.

• Modificou.

• No começo eu entrava com medo, insegura. Com medo de errar. Agora eu não tenho tanto medo. Mas a gente sempre tem um pouco, né?

• Agora eu já me acostumei com a plateia.

• A reação era diferente daquela que a gente pensava. E às vezes a reação era a mesma que a gente pensava.

• Eu no palco me sinto muito mais segura do que na plateia. Exatamente o que eu ia falar.

• Eu me sinto fora do teatro.

- Só se a gente estiver completamente concentrada.
- Quando a gente está no palco, a gente não pode ficar pensando naquilo que a plateia vai dizer.
- Sabe, eu acho que existe plateia na cabeça da gente. Não aquele negócio encubado que eu tenho que fazer teatro bonito, porque tem alguém vendo.
- & Existe uma relação possível com a plateia, além de fazer bonito?
- A relação de transmitir alguma coisa.
- & E isso apareceu em algum momento durante os jogos?
- Em todos os momentos pintava isso.
- Acho que é muito difícil você esquecer que tem uma plateia. Por mais que você desligue, se concentre no Foco. Você não pode se desligar da plateia.
- & O que acontece num espetáculo onde os atores fazem a peça esquecendo que tem uma plateia?
- Acho que é uma coisa muito fechada.
- Não dá. Se eles esquecem da plateia, não vão transmitir nada para ninguém.

O resultado mais evidente da aplicação do sistema de jogos teatrais foi a formação de um grupo. Além do repertório comum de experiências, podemos verificar na avaliação final a utilização de uma terminologia como instrumento de análise. A consciência do significado do trabalho desenvolvido foi se construindo aos poucos. Ao relacionar na avaliação final os elementos da linguagem com a criação em teatro, os participantes demonstram como se deu a aprendizagem durante o processo. Uma constante em todos os momentos que registramos é a preocupação com o significado do processo de criação em teatro, que intrigava profundamente. Os jogos levantavam para os adolescentes interrogações essenciais. No relato do trabalho sobre o "Não-movimento" esse sentido de descoberta está claramente colocado.

No início, a atuação da maioria dos participantes durante o trabalho com espaço era tímida e retraída, aparecendo resistência com relação aos exercícios, através de risadas e tensões musculares. Foram selecionados jogos específicos para trabalhar com esse problema e verificamos que a relação com o próprio corpo se modificou, traduzida pela consciência que aparece nos depoimentos sobre essa transformação. Os adolescentes verbalizam tranquilamente sobre o significado do corpo e do espaço para a atuação.

Outro aspecto a ser ressaltado é a transposição da aprendizagem para a realidade de cada participante. Quando foi levantada a questão: "Eu queria saber se isso tem alguma coisa a ver com a vida de cada um?", esse processo já se havia iniciado e foi aprofundado na continuidade do trabalho através de propostas que favoreceram a assimilação da linguagem às estruturas individuais. Ao analisar a função da representação no teatro, o grupo demonstra um nível de consciência que resultou dessa apropriação da matéria.

Lista de Jogos Realizados com o Grupo de Crianças

A. Jogos Tradicionais

Jogo das Três Mudanças (SPOLIN, Viola. *Improvisação para o Teatro*, p. 67).
Quem Iniciou o Movimento? (BOYD, Neva. *Handbook of Recreational Games*, p. 3).
Três Mocinhos de Europa (jogo tradicional brasileiro.).
Jogo de Desenho (SPOLIN, Viola. *Improvisação para o Teatro*, p. 70).
Jogo de Identificação de Objetos (SPOLIN, Viola. *Improvisação para o Teatro*, p. 51).
Escravos de Jó (jogo tradicional brasileiro).
Batatinha Frita, Um Dois Três (jogo tradicional brasileiro).
Sílabas Cantadas (BOYD, Neva. *Handbook of Recreational Games*, p. 99).
Jogo de esconde-esconde (jogo tradicional brasileiro).
Estou Pensando em uma Palavra (BOYD, Neva. *Handbook of Recreational Games*, p. 98).
Jerusalém, Jerico (BOYD, Neva. *Handbook of Recreational Games*, p. 114). Fotografia (BOYD, Neva. *Handbook of Recreational Games*, p. 109).
Pegador com Sombras (BOYD, Neva. *Handbook of Recreational Games*, p. 18).

B. Jogos Teatrais*

Jogo da Atividade – A36
O que estou comendo, pegando, ouvindo, vendo? – A37
Cabo de Guerra – A12
Envolvimento em Duplas – A42
Envolvimento em três ou mais – A48
É mais pesado quando está cheio – A3 8
Quem está batendo? – A95

* A indicação de jogos teatrais se referem sempre a *Theatre Game File*, sendo que o número e a letra correspondem ao fichário.

Baú cheio de chapéus – B12
Dificuldade com objetos pequenos – A3 9
Ruas e Vielas – A44

Lista de Jogos Realizados com o Grupo de Adolescentes

A. Jogos Tradicionais

Jogo das Três Mudanças (SPOLIN, Viola. *Improvisação para o Teatro*, p. 67).
Jogo de Identificação de Objetos (Op. cit., p. 51).
Quem iniciou o movimento? (BOYD, Neva. *Handbook of Recreational Games*, p. 33).
Pisca-piscou (jogo tradicional brasileiro).
Jogo da Bandeja (BOYD, Neva. *Handbook of Recreational Games*, p. 16).

B. Jogos Teatrais

Exposição – A1
O que estou pegando, comendo, ouvindo, vendo? – A3 7
Espelho – Al 5
Espelho com penetração – A51
Espelho com verbalização – A 5 2
Cabo de Guerra-A12
Jogo da Bola – A9 e A40
Envolvimento em duplas – A42
Envolvimento em três ou mais – A48
É mais pesado quando está cheio – A38
Dificuldade com objetos pequenos – A39
Forma no espaço – A34
Substância do espaço – A33
Caminhar no espaço – A6
Caminhar no espaço – A7
Caminhar no espaço: esqueleto – A8
Jogo do Onde – B8
Onde por meio de três objetos – B25
Onde com atividade não-relacionada – B49
Quem sou eu? – A98
Transformação de relação – C53
Transformação do objeto – A35
Não-movimento – A30

5. TEATRO PARA CRIANÇAS

Teatro Infantil na Década de 1970

Integrando comissões formadas para atribuição de prêmios para o Teatro Infantil ("Troféu Mambembe", "Governador do Estado" e "Molière"), acompanhamos durante os últimos anos os espetáculos em cartaz na cidade de São Paulo. Nossa participação nessas comissões se deu na função de arte-educadora. Enquanto o crítico, no sentido tradicional, analisa a produção atendo-se ao produto (espetáculo), nos interessamos em primeiro lugar pelo processo de criação como objeto da reflexão crítica. Os dois aspectos são relacionados, não podendo a rigor haver desvinculação entre um e outro. Acreditamos, no entanto, que principalmente na área de teatro para criança essa distinção é importante e não se resume a uma diferenciação meramente acadêmica. Tradicionalmente, sob o aspecto educacional, o teatro é considerado um braço da educação formal. A preocupação "pedagogizante" não inclui entre seus objetivos a fruição de arte pela criança, reduzindo a plateia infantil à categoria de alunos aos quais devem ser ministrados ensinamentos.

A apreciação artística constitui um objetivo educacional que deveria ser desenvolvido paralelamente à produção pela criança. Implica na educação da visão que adquirimos ao contemplar, ouvir ou ler obras artísticas. Susanne Langer, que considera a educação artística o próprio cerne da educação pessoal, afirma que:

> O desenvolvimento do olho artístico, que assimila visões ordinárias (sons, movimentos ou eventos) à visão interior, confere expressividade e importância emocional ao mundo. Sempre que a Arte colha um motivo da realidade – um ramo florido, uma nesga da paisagem, um acontecimento histórico ou uma lembrança pessoal, qualquer modelo ou tema da realidade – ela o transforma numa peça de imaginação, e impregna de vitalidade artística a sua imagem. O resultado é impregnar-se a realidade comum com a expressividade da forma criada. Isto é a objetivação da Natureza, que torna a própria realidade um símbolo da vida e do sentimento.
>
> As artes objetivam a realidade subjetiva e subjetivam a experiência externa da Natureza. A educação artística é a educação do sentimento e uma sociedade que a negligencia se entrega à emoção amorfa. Má arte é corrupção do sentimento[40].

Durante o acompanhamento que fizemos do teatro infantil paulista, verificamos que havia uma enorme distância entre algumas propostas, "de vanguarda", e a grande quantidade de montagens em cartaz no espaço ocioso das salas de espetáculo no centro da cidade aos sábados à tarde, e aos domingos, de manhã e à tarde. Os jornais noticiavam no ano de 1976 o *boom* do teatro infantil, a partir da constatação de um acréscimo sensível na quantidade de peças em cartaz. Existiam na época sessenta companhias oficialmente registradas em São Paulo e em novembro do mesmo ano havia vinte e dois espetáculos em cartaz, enquanto o teatro "adulto" não atingia esse número. Foram realizadas diversas campanhas de popularização pela Secretaria Municipal de Cultura e pelo Serviço Nacional de Teatro. O Teatro Municipal abriu suas portas para apresentações de espetáculos infantis. Verbas e prêmios foram distribuídos em nível municipal, estadual e

40. S. Langer, *Ensaios Filosóficos.*

federal. Diante de tudo isso, o que apresentava o teatro infantil paulista para o público a que se destinava?

Uma análise detalhada foi realizada por Maria Lúcia Puppo, que investiga de que maneira se apresenta a relação entre o emissor adulto e o receptor infantil, dentro da dramaturgia brasileira para crianças. Ela parte do princípio de que uma heterogeneidade básica marca de forma determinante o teatro infantil: "O emissor da mensagem é o adulto artista, detentor de um poder assegurado por sua condição de idade e o receptor é a criança, desprovida desse poder"[41].

Ao analisar as peças infantis encenadas em São Paulo, entre 1970 e 1976, a autora conclui que a maioria das peças da sua amostra veicula teses. Entre as mensagens transmitidas, que correspondem àquilo que deve ser "aprendido" na ida ao teatro, estão a defesa da ecologia (predominante nesse período) e preceitos de caráter ético. Os textos se caracterizam pelo tom profundamente didático e autoritário, que aparece sob a forma de explicações que quebram a fluência da ação dramática, e se impõem como verborragia desprovida de significado para o desenvolvimento da trama.

Apesar da evidente impossibilidade de dissociação entre forma e conteúdo, no teatro infantil desse período ainda encontramos a ênfase no conteúdo, em detrimento do aspecto formal, reduzido a mero pretexto para veicular didaticamente a lição. Ao assistir aos espetáculos, constatamos que as ideias da educação renovada se revelaram em um número reduzido de realizadores, evidenciando-se o modelo tradicional de ensino, baseado na relação autoritária, na grande maioria das peças. A proposta educacional se apresentava confundida com moralismo, o que se evidenciava no conteúdo apresentado, onde preponderavam as lutas maniqueístas onde o Bem vencia e o Mal era severamente castigado. A orientação educacional para a realização de espetáculos ainda se baseava na adequação do conteúdo à mentalidade infantil, considerando-se determinadas informações mais ou menos pertinentes para determinada faixa etária. O aspecto lúdico era introduzido no espetáculo para adoçar a lição a ser aprendida. Além de negligenciada, a relação de jogo era geralmente confundida com teatro pastelão e a participação da plateia se dava ao nível dos programas de auditório.

---

41. M.L.S.B.P. Tavares, *No Reino da Desigualdade*. Dissertação de Mestrado apresentada à Escola de Comunicações e Artes da Universidade de São Paulo, 1981, p. II.

Na década de setenta revelou-se a continuidade de uma tendência preocupada em propiciar a iniciativa da criança, mostrando que ela é capaz de usar a imaginação. Essa proposição era colocada de forma antagônica aos valores da sociedade de consumo. O texto que inicia essa linha de espetáculos é *O Palhaço Imaginador*, de Ronaldo Ciambroni (1970).

A peça discute a influência que a propaganda e a televisão exercem sobre o comportamento da criança. No texto, que é na realidade um roteiro de duas páginas e meia, três crianças encontram um palhaço. Este não tem mais o espaço do circo e vive de fazer publicidade de liquidação de um supermercado – é o garoto-propaganda. Totalmente influenciadas pela televisão, as três crianças só cantam *jingles*, comem apenas o que aparece no vídeo e suas instruções são decorrentes da falta de poder econômico para adquirir os produtos anunciados. O palhaço representa a possibilidade de superar a determinação de poder através da imaginação.

O espetáculo, montado pela primeira vez em 1972, no Teatro de Arena, com direção de Carlos Meceni, exerceu grande influência sobre o teatro infantil na última década. Foi remontado por diversos grupos, como o Caracol, em 1974, no Teatro Oficina, com direção de Roberto Lage. Em São Caetano, o Grupo Pasárgada montou o *Palhaço Imaginador*, com direção de João Luís de Oliveira, que havia participado como ator na montagem do Oficina.

O Palhaço é o primeiro espetáculo que parte da observação do jogo espontâneo da criança e dele retira valores para a formulação da especificidade do teatro para crianças. A preocupação central da montagem era a utilização de materiais simples, como a sucata, para mostrar as possibilidades de transformação dos objetos – qualquer coisa pode virar qualquer coisa.

Meceni faz um depoimento onde exemplifica alguns momentos da montagem do *Palhaço* no Arena:

A participação era da seguinte maneira. A gente tinha sempre giz na mão e com ele desenhava na parede do muro da escola ou do teatro em que a gente estivesse. Desenhava por exemplo um portão – por esse portão ia sair o Cláudio, que era a personagem. Íamos armando tudo isso com giz.

Chegava um determinado momento em que o palhaço tinha um monólogo onde ele se colocava. Era um pouco melodramático, piegas, romântico, mas era a hora em que o palhaço falava das suas frustrações. Ele fugia da sua realidade, criando. Nesse momento, não conseguia, porque a ação exigia um posicionamento. Ele então assumia sua frustração e fazia um monólogo que era todo trabalhado com luz e som, e dizia mais ou menos o seguinte:

> Eu sou um palhaço
> Minha vida é um circo
> Não quero mais nada da vida, só ser palhaço
> Mas estou muito triste
> Porque não tem mais palhaço
> As pessoas já não riem mais de palhaço
> Nem lugar para meu circo existe.

E acabava lá embaixo, dormindo em cima de um pneu. Era muito bem feito pelo Ciambroni isso, maravilhosamente bem feito. Então as crianças resolviam fazer alguma coisa para ele melhorar – resolviam fazer um circo.

No Arena havia um tufo de fitas coloridas, presas no teto. Quando a gente ia fazer o circo, nesse momento, desenhava jaulas no chão e dava giz para quem quisesse na plateia. As fitas eram soltas e os pais ou as crianças seguravam as fitas, formando a tenda de um circo. O final da peça era o circo. A plateia passava a participar – sendo que a participação não era imposta ou velada. Certa vez, isso foi realizado com uma plateia de mais de mil pessoas, em São José do Rio Preto.

Identificamos no teatro infantil realizado na década de setenta uma série de espetáculos que seguem a linha do *Palhaço Imaginador*.

Meceni montou em 1974 uma peça de sua autoria, denominada *Serafim, fim, fim*. No texto a linearidade da história tradicional do Chapeuzinho Vermelho é quebrada pela interferência constante da personagem Serafim, com o objetivo de mostrar à criança que ela também é capaz de inventar histórias.

> O fim é a liberdade
> O fim é a liberdade de fazer o que quiser
> As coisas mudam a todo momento
> Tudo muda a toda hora.

Serafim, fim, fim retoma o tema da iniciativa da criança ao nível de discussão do significado do enredo da história.

A *Praça de Retalhos*, montada em 1976, também de autoria de Carlos Meceni, com direção de Roberto Lage, mostra um terreno baldio, onde um sujeito não sabe o que fazer com vinte quilos de jornal. O que o garrafeiro oferecia era tão pouco que ele prefere não vender e brincar com o jornal. A personagem da *Praça de Retalhos* retoma de certa forma o *Palhaço*. O problema de todas as pessoas que passam pela praça é solucionado, através da transformação do papel de jornal, que assume a função simbólica. A peça termina quando acaba a pilha de jornal.

Em 1975, o Grupo Caracol mantinha no Teatro Oficina Um teatro de repertório. Ao lado da montagem de *O Palhaço Imagi-*

nador, dirigida por Lage, que alcançou imenso sucesso de público, o grupo desenvolvia um trabalho que seguiu a proposta de estimular na criança o livre-arbítrio. Foi montado *No Reino do Contrário* (direção Lage), que não tinha texto falado. Eram músicas e dez pequenas histórias cantadas e dramatizadas pelos atores, dirigidas à criança da pré-escola, sendo que a percepção do espetáculo era sensorial. Já *Capitão Vagalhão*, também com direção de Lage, era dirigido à faixa que vai dos sete/oito aos nove/dez anos. Foram criadas personagens: o Superetcétera não tinha as características habituais dos super-heróis – todo seu poder estava na compreensão, inteligência, criatividade; a Marcinha Marciano vinha de outro planeta; Macacas Falompas era a personagem crítica a nível da sociedade de consumo; e o "Capitão Vagalhão" era o avô, que representava a necessidade de afeto.

Nos espetáculos do Oficina, o objetivo também era trabalhar com as possibilidades de transformação dos materiais, das ações que aconteciam diante da criança. *Clotilde com Brisa, Ventania e Cerração*, escrito e dirigido por Lage, e apresentado no Studio São Pedro (1976), possibilitava a utilização de todo o processo da experiência do Oficina e fundia as necessidades de atender uma plateia de faixa etária de percepção puramente sensorial, com as de uma plateia que tivesse necessidade de conflito. Porque a experiência de fazer espetáculo para públicos distintos não funcionava. Do ponto de vista educacional era ótimo, mas do ponto de vista comercial era desastroso, segundo Lage.

Também o trabalho de Wladimir Capella está ligado ao *Palhaço*. Ele fez parte do Grupo Pasárgada, em São Caetano, sendo autor e diretor, em parceria com José Geraldo Rocha, de *A Peça do Seu José* e *Com Panos e Lendas*, do mesmo grupo, recebendo o Prêmio Molière de teatro infantil, em 1978*. Seus espetáculos retomam a estrutura do *Palhaço* a nível de texto e linguagem cênica.

Ao lado desses, poderíamos relacionar ainda uma série de trabalhos que propõem o rompimento com a linearidade da história e o ilusionismo teatral, valorizando a participação da criança e estimulando sua iniciativa: o *Jogo do Jogo*, de Antonio Fernando Bezerra, direção de Luiz Damasceno; *Brincadeiras*, de Raimundo Matos, direção de Mario Mazzeti; *Vamos Brincar de*

---

* O primeiro "Prêmio Molière" para teatro infantil foi atribuído a Ronaldo Ciambroni, em 1974. Roberto Lage recebeu o prêmio em 1975, Carlos Meceni em 1976, Antônio Maschio em 1977, José Mauro Padovani em 1979 e Lica Neaime em 1980.

Teatrinho, de Magno Bucci, direção de Paulo Lara; e *Vamos Cirandar*, de Plínio Rigon, com direção do autor, entre outros.

A reincidência do verbo solicitando a participação da criança não é casual. O espetáculo é desmistificado e o envolvimento com a história, constantemente rompido, para mostrar a afinidade do teatro com o jogo espontâneo. Um momento exemplar está na *Lenda do Vale da Lua*, de João das Neves (1977), onde o espetáculo é desmontado diante da criança, que vê a construção do jogo do teatro, através da desmistificação e demonstração de sua linguagem. Os atores montam o cenário diante do público, discutem entre si o prosseguimento da história e trocam até mesmo de papéis – são crianças que brincam de papai, mamãe, filho e filha. Na sua brincadeira, apanham uma estrela do céu e fazem um boizinho de pano. Sobre os panos colocam espelhos que refletem o que está à sua volta. No campo, existem as estrelas, a lua e as flores. Na cidade, apenas o avião, a televisão, o automóvel, o edifício etc. A caracterização da figura mítica do boi é feita às claras, no palco.

Também as criações de Ilo Krugli, argentino fixado no Brasil e persistente lutador pelo teatro para criança, devem ser inseridas nessa linha de trabalho. Sua *Estória de Lenços e Ventos* (1974) estourou como um paradigma de criação e os trunfos de Ilo se concentram basicamente na autenticidade e na espontaneidade. Seu trabalho foi desenvolvido nessa mesma época, paralelamente, no Rio de Janeiro.

Os espetáculos desse período apresentam características comuns:

- utilização de sucata e materiais simples;
- a função de transformação do material;
- quebra de linearidade na narrativa (história);
- ator assume vários papéis;
- transformação do espaço;
- atuação baseada na relação de jogo;
- quebra da quarta parede;
- processo de criação coletiva e produção de grupos cooperativados.

As montagens criadas para crianças sofreram modificações profundas, em função da observação do jogo, revelando uma séria tentativa de quebrar a relação autoritária entre palco/plateia. A preocupação com a embalagem do produto cedeu lugar à aproximação com a plateia, através da exploração da linguagem do jogo simbólico, no qual materiais simples (sucata) podem ser livremente transformados – uma vassoura pode virar cavalo, avião etc. O ilusionismo da história foi substituído pela magia da transformação do objeto. Nos melhores exemplos, esse princípio é explorado poeticamente no palco.

A criação dessa estética propõe uma especificidade do teatro para criança, na medida em que pela primeira vez o espetáculo se fundamenta na compreensão da função simbólica na criança.

A Oficina de Dramaturgia

Foi no contexto do teatro para crianças, realizado nesse período, que surgiu a ideia para a criação de uma "Oficina de Dramaturgia" para autores de teatro. O projeto apareceu como resultado de um curso, promovido pela Associação Paulista de Teatro para a Infância e a Juventude, que ministramos no Teatro do Bexiga, em 1978, com base nos Jogos Teatrais. O curso contou com a participação, na sua grande maioria, de profissionais (Wladimir Capella, Roberto Lage, Waldemar Sillas, Mauro Padovani, Leo de Brito e outros). A partir do debate que se estabeleceu, organizou-se a estrutura da oficina, para a qual foram convidados como coordenadores, juntamente conosco, Miriam Schnaiderman (psicanalista), Luís Roberto Negrini (professor de Português)* e Roberto Lage (diretor de teatro). Desenvolvemos, então, atividades com base em Jogos Teatrais.

Entre os objetivos da oficina estava levar os autores a refletir sobre o texto para crianças, a partir da experiência de palco. O material de análise seria recolhido da atuação dos participantes, durante o processo de criação em que seriam envolvidos, e não de uma crítica elaborada apenas intelectualmente. Interessava-nos mobilizar, no autor, a sua potencialidade lúdica, através da prática do jogo.

Ao todo foram realizados cinco encontros, nos quais Luís Roberto Negrini preocupou-se em desenvolver a fluência na escrita, através de diversas técnicas de redação, que visavam à relação sensorial com a palavra e à quebra do compromisso com o discurso linear. Miriam Schnaiderman propôs um trabalho de observação: os participantes deveriam simplesmente descrever (por escrito) o encontro com uma criança no seu quotidiano. Na avaliação realizada sobre esse registro, verificou-se a enorme

---

* José Luís da Costa Aguiar Negrini é autor de *Encontro com a Linguagem*, São Paulo, Atual, 1977-79, em parceria com Elizabeth Rodrigues Oliveira e Nina Rosa da Penha Lourenço.

quantidade de inferências, imposições e projeções pessoais feitas pelo adulto em cada descrição, e a dificuldade em apenas descrever o encontro. Roberto Lage participou principalmente das avaliações sobre as cenas que resultavam dos jogos teatrais, ressaltando a diferença entre ação dramática e cenas que se caracterizavam por explicação da ação (por meio de verborragia ou ao nível do gesto). Os jogos teatrais propunham esse debate, que foi amplamente explorado. Exemplificamos esse aspecto com o jogo da atividade, desenvolvido exaustivamente na oficina. O jogador vai para o palco e propõe uma atividade, e os outros entram sucessivamente, para auxiliar o primeiro jogador nesse intuito.

Nas três primeiras vezes em que o jogo foi realizado, o grupo acabou contando uma história e criando personagens. A primeira atividade proposta foi a de arrumar uma casa; os elementos foram entrando e ordenando os cantos da casa, e ao final cada um estava fazendo alguma coisa – ou lendo um livro, ou cozinhando, ou escutando música. A atividade do segundo jogo era colocar água num copo e bebê-la. Mas, assim que subiram mais jogadores ao palco, instaurou-se a disputa pela água. No terceiro jogo, a atividade era tocar um instrumento, e os jogadores subiam ao palco tocando cada um o seu instrumento, até que um dos participantes regeu a orquestra, que passou a existir em função do estabelecimento de uma ordem mais ampla, fixando uma relação lógica na cena. Algo mais próximo ao jogo da atividade foi atingido quando um dos jogadores subiu ao palco e propôs a atividade de "tecer". Mas ainda aqui o grupo elaborou uma cenografia, configurando uma oficina de tecelagem, na qual eram desenvolvidas as mais diferentes atividades, desde dobrar panos até crochê ou costura à máquina. Somente numa fase posterior, quando voltamos ao jogo da atividade, o grupo manteve o Foco solicitado pelo jogo.

No exemplo do jogo da atividade clarificou-se para os participantes o princípio que orienta os Jogos Teatrais enquanto processo. A partir da compreensão da função do Foco, a preocupação com a linearidade na sequência de ações foi rompida e a história passou a ser uma consequência da relação de jogo. Quando o Foco na atividade foi descoberto pelo grupo, houve seleção e detalhamento no gesto, o que provocou uma modificação na atuação. Em comparação com o primeiro momento, quando a disputa pela água gerava um clima quase frenético, demonstrando a preocupação em "fazer alguma coisa no palco", o segundo revelava relaxamento de tensão, o que favorecia o surgimento de ações improvisadas. As imposições individuais e a linearidade da narrativa cederam lugar à autenticidade do jogo.

Da mesma forma como na descrição do encontro com a criança ficou constatado o peso da interferência do adulto, o processo de jogos revelou a dificuldade de desprendimento de referências vinculadas ao modelo da linguagem discursiva. Concluiu-se também que a ruptura com a linearidade, provocada pelo jogo, exigia disponibilidade para a reformulação de estruturas profundas enraizadas no comportamento adulto.

Para uma avaliação da Oficina de Dramaturgia e do trabalho com o sistema de Jogos Teatrais realizado junto aos profissionais que lidam com o teatro para crianças (através de cursos, participação em montagens etc.), recolhemos os depoimentos de Waldemar Sillas, Carlos Meceni e Wladimir Capella, que em momentos diferentes participaram de grupos de trabalho onde propusemos Jogos Teatrais. Ressaltamos que os depoimentos foram dados em outubro de 1981, com um grande espaço de tempo depois do contato com esses profissionais (até dois ou três anos depois) e refletem uma experiência realizada com o sistema pelos seus autores.

Waldemar Sillas é autor, diretor e ator de teatro para crianças há dezoito anos. No seu trabalho a personagem do palhaço é uma constante, sendo que a comunicação com a plateia se realiza a partir da estrutura do *gag* e da linguagem popular. O depoimento foi realizado a partir da participação de Sillas na Oficina de Dramaturgia e no curso realizado em 1978, no Teatro do Bexiga:

Acho que essencialmente o que eu faço tem muito a ver com Viola. Foi a teoria que veio depois da prática. Uma pessoa que analisou teoricamente o que a gente fazia empiricamente, como autodidata. Está certo que não faço exatamente como ela coloca, mas entendo o que ela coloca. Eu filtro e transporto. Eu conheço mais a Viola através da sua colocação. Eu mudo, acredito que seja o que ela não gostaria muito, né? De estereotipar algumas coisas, de interpretar a improvisação, às vezes conduzir. Mas percebo muito claramente hoje em dia a diferença entre o que eu fazia antes das noções da Viola e o que faço agora. O Foco, por exemplo, foi a linguagem mais clara que já percebi. *Pimpão e Babão* foi diretamente em cima da Viola. Pode ser até que eu tenha interpretado errado, mas surgiu uma coisa certa e boa: o Foco eu chamei o ovo. Visual, físico e concreto. Percebi que as crianças prestavam atenção também instantaneamente quando o ovo entrava em cena. Não sei se V. lembra bem da estrutura da peça. O ovo entra, o ovo sai, o ovo se esconde, o ovo aparece, o ovo desaparece, mas sempre ele é o mais importante. Ele é realmente o Foco. Onde está o ovo, está a história e está a atenção da turma. Então para onde o ovo vai entra a figuração, o outro ator, o outro local, a outra cena, os objetos de cena. Mas o ovo permanece do começo ao fim como a coisa mais importante. Com o perigo de ter errado o entendimento, tenho certeza que acertei plenamente a nível de espetáculo. Não de espetáculo, a isso que a gente chama de espetáculo, esse jogo, esse rolo que é aquela hora em que se faz. Então o espetáculo andava sozinho. Chegou um momento em que onde o ovo ia, a peça ia. Se um estava cansado, jogava a bola para o outro – como no futebol –, a gente jogava o ovo para o outro, improvisava em cima. Tanto que a gente ficou tão preocupado que acabou levando o ovo na bagagem. Deus o livre perder!

E isso veio na minha cabeça depois de um exercício que a gente fez lá, na Oficina de Dramaturgia. Todos nós tivemos que escrever um contozinho, um fato concreto com o Foco e tudo, né? E eu me lembro que escrevi sobre uma pessoa no mar, numa balsa. Mas eu descrevi, eu estava longe de mim vendo a cena. Foi uma descrição e isso depois foi avaliado por você e pelo Negrini.

Foi tão vital e tão marcante para mim que hoje em dia posso errar, posso fazer coisas que não funcionam. Mas, por esquecimento ou por burrice. Porque para o resto da minha vida já penso na peça como uma ação, ou possibilidade de acontecer uma ação. *Porco Feliz e o Lobo Linguiça* também tem uma estrutura semelhante. As coisas acontecendo e pouco interessa o teor literário, mas sabendo que as crianças iam ver o jogo.

Foi um prazer muito grande conhecer você, porque eu me sentia meio marginal. Em alguns momentos, chegava a pensar que era louco. Eu lia e não tinha referencial. Conversava com as pessoas e não era isso. Então realmente cheguei a duvidar da minha sanidade mental. Seria uma anormalidade ou seria eu o fruto de um programa de auditório? Então de repente a gente conhece Viola Spolin, Ingrid, conhece um monte de gente. Acho que o grande fruto da APTIJ (Associação Paulista de Teatro para a Infância e a Juventude) foi esse. Esse movimento em que as pessoas se reuniram, o que possibilitou a pessoas como eu, confiar em si e ver que há outros caminhos. Porque nunca me satisfez o teatro infantil. Sabe, eu via e achava bonito mas não era bem isso, e não sabia dizer o que era. De toda a coisa tradicional de teatro infantil só me lembro do *Pluft*, de Maria Clara Machado, porque ele é uma coisa de ação, concreta – por incrível que pareça, um fantasma. Porque ele acontece, desaparece, ele vem, ele entra. Além de toda carpintaria teatral tradicional, ele tem coisas profundamente de jogo.

Para mim foi como um renascer. E acho que ainda estou começando a desenvolver um embrião. Outra coisa que marcou muito na Oficina de Dramaturgia foi o Onde, Quem e O Que. Isto ficou muito claro, elimina meses de escrito vazio, é uma lupa. Outra coisa que também ficou muito claro era a postura completamente inversa do ator. Antes o ator era o produto final, ele era o último que chegava e agora, pelo menos ao meu ver, é o primeiro. O ator-pessoa, que casualmente é um ator. Na medida em que ele se sente um instrumento a ser tocado com a nossa cabeça, a nossa emoção, o nosso corpo, a nossa safadeza, os nossos trambiques todos, os nossos macetes para jogar em cima da coisa, então fica muito mais dinâmico, mais vivo, mais gostoso de fazer.

É boa a comunhão com a plateia, mas tem momentos em que Você... É uma coisa que eu sempre tive um grilo. Porque é que um ensaio de improvisação às vezes era muito mais gostoso do que a própria peça. Eu sempre fiquei danado depois da estreia. Puxa, mas era tão gostoso o ensaio. Será que erramos na hora de fazer? Depois a coisa veio mais clara, né? Que era o sabor de fazer que devia continuar. Mas não, marcou, estreou, acabou. E aí continuava a rotina obrigatória.

& Por que agora V. não faz mais marcação de cena?

• Não, nenhuma. E é maravilhoso você poder trabalhar assim. Um dia estou num palco, um dia estou num pátio, um dia estou numa casa. Pego a roupa que tem lá, a cadeira que tem lá, o caixote que tem ou não tem.

Carlos Meceni participou, em julho de 1980, de jogos teatrais realizados no Teatro Eugênio Kusnet. Convidados a participar da montagem de *O Balão que Caiu no Mar*, do autor maranhense Odylo Costa Filho (1980), com direção de Meceni, trabalhamos com Jogos Teatrais para a preparação dos atores.

Meceni faz um depoimento, onde avalia a contribuição que o Jogo Teatral trouxe para o seu exercício profissional:

O que para mim foi mais importante é entender que quando estou falando de maçã, tenho que fixar meus olhos realmente na maçã – é o Foco. Hoje é uma palavra do meu vocabulário quando estou dirigindo: atenção dirigida. Antes eu só achava que estava criando quando perdia o controle da minha emoção, quando ela entrava em ebulição. Me propunha a viver sempre em ebulição para ser um cara altamente criativo e artista. Bobagem. Eu descobri através da Viola o oposto: que tenho que estar sereno, relaxado, tranquilo e que só assim vou canalizar minha emoção para onde quero. Descobri isso também fazendo análise, mas a nível teatral existe uma proposta, que é da Viola, que não concebe a criação dramática como uma coisa aleatória. Acho que o grande barato que consegui na minha vida através da Viola e foi o que mais me ajudou a partir daquele curso foi perceber isso: que a emoção tem que ser jogada na hora certa, quer dizer, você tem domínio sobre ela e não a perda do domínio. Os jogos servem para isso. Eu agora estou fazendo televisão. E isso veio me ajudar muito. Não tenho mais problemas para pegar um texto ou uma personagem. Tenho serenidade para sacar o Foco e descobrir Onde, Quem, O Que. Depois é que vou em preocupar em decorar o texto. Isso facilita muito. Nunca na minha cabeça eu conseguia resolver um problema que agora resolvo com a maior facilidade, que é o Foco na atividade, o Foco no O Que. Se estou nessa atividade de consertar o chinelo, consertar ou destruir, né? (pega o chinelo na mão e observa o objeto), estou seguro que estou realizando a atividade simplesmente. Isso me adiantou a vida. Eu posso ficar aqui (pega a xícara e a colherinha de café) meia hora com essa xícara, sem nenhuma ansiedade. Essas coisas foi Viola mesmo. E não é Viola, né? Eu não consigo dizer Viola. Eu acho que é Você para mim. Foi Você me trazendo isso. Eu não sei quem é Viola. Eu sei o que a Ingrid me passou.

Wladimir Capella participou do curso realizado no Teatro do Bexiga, em 1978:

Lembro que fazia um espetáculo adulto – foi o primeiro que fiz. Eu era a personagem mais verdadeira que tinha ali dentro. Ai quem dissesse que não, porque eu era. Fiz uma biografia lindíssima. Sabia tudo – o signo, onde morava, como era a casa dele. Aí o Gentil deu um exercício de laboratório. Caí em prantos. Levava muito a sério. Então o Eugênio Kusnet veio ver o espetáculo e falou que a única pessoa que tinha verdade cênica era o Magno Bucci. Quase morri. Ele agachava aqui, ficava falando batatinhas e enchia o saco de todo mundo e virava e fingia que estava interpretando. E era esse fingia que estava interpretando que era interpretar mesmo. E eu com toda a minha verdade...

Porque a gente aprendeu Stanislávski errado. Eu fiz Stanislávski com pessoas do meio e que estão aí há muito tempo, de uma forma completamente errada. Só saquei isso quando o Eugênio Kusnet veio para cá, era outro papo. E acho que a Viola foi além de Stanislávski.

Escrevi *Com Panos e Lendas*. Mas ninguém entendia o que escrevi. Achavam que não tinha ligação entre uma cena e outra. Deu muita briga no grupo, aquilo era horrível. Eu achava que estava bom, mas depois foi tanta pressão que fiquei meio em dúvida. Nessa época (1978) conheci Viola Spolin. Talvez misture um pouco os assuntos. Mas é importante que eu conte nessa ordem. Quando conheci Viola, fiz tchaaan... Porque em resumo Viola era um trabalho teórico, escrito, com regras, de tudo o que eu tinha feito, mas não amarrava, talvez. Era muito parecido com tudo o que eu tinha feito. Mas mais aprofundado, colocado mesmo. Por exemplo, "fazer de conta" e "tornar real" – agora fica claro para mim uma série de coisas. Foco: aprender a se ligar em cena. Foi com Você que fiz o curso de Viola. Eu estava enlouquecendo, achei uma loucura. A impressão que tive é que uma pessoa... tinha feito coisas, sei lá aonde, que eu também fazia. Porque ela retrata exatamente isso, na realidade, experiências, né? Foi a partir de experiências que ela fez o método.

Quando conheci Viola, foi o que me ajudou na montagem de *Com Panos e Lendas*. Tinha dias, acho que você não sabe. Não, acho que já te contei. Tinha dias em que saía do curso e subia aquela Brigadeiro pulando, sabe? Eu ia com uma grande vitalidade para o ensaio. Peguei um pessoal bem difícil para fazer *Com Panos e Lendas*, complicadíssimo. E a Viola me deu tanta clareza que consegui cercar tudo, consegui colocar as pessoas. Porque ela falava de coisas que eu já conhecia de prática. Então foi a descoberta. Acho que me ajudou muito nessa época.

Quando eu fazia música, era por um estado de alma ou por uma pessoa, ou... Então, era uma viagem. E agora não. É objetivo. Quando alguém falava, é assim ou assado, aí eu pensava... assim não faço. Tem que sentir. Não é nada disso. Muito pelo contrário. É mais o próprio som. A comunicação. Antes sentia, sentia tudo e vinha para casa morto e não comunicava nada. Enquanto o Magno Bucci comunicava, como eu te – falei. Claro, ele fazia uma gracinha, mas, quando virava, falava com a verdade que tinha que falar. Que precisava.

Descobrir Viola Spolin foi como redescobrir o teatro. Um teatro que para mim já estava quase morto, esgotado. Eu intuía que deveria ter alguma coisa a mais e estava procurando a cada novo trabalho. Imaginava uma coisa viva, que transcendesse, que envolvesse, enfim, que comunicasse. Algumas coisas fui descobrindo, porém muito lentamente. E um dos grandes problemas continuava. A emoção. Difícil de entender. Que emoção? Como? Laboratório? Fé cênica? Verdade da personagem? E o ator, onde ficava? Mil dúvidas. Stanislávski tinha muito a ver com tudo isso mas o que eu aprendi ou estudei estava errado. Disso eu tinha certeza. Não acontecia no palco. E a Viola Spolin foi como uma luz. Veio com a prática. O fazer, descobrir, experenciar no palco. A ação. O corpo, que já estava praticamente desvinculado da cabeça. Trouxe o orgânico. Como resolver problemas de atuação, atuando, e não somente pensando. É uma coisa muito simples, mas sempre terminava por ficar complicado, pela falta de organização das informações todas. Pela falta de Foco. De regras de jogo. E o método da Viola, como um guia prático, cerca o ator, o diretor, o músico, o produtor inclusive, e todos envolvidos na montagem teatral. Aquilo que os impele tem por objetivo a comunicação. O ator, com o campo de atuação delimitado, explode no caminho da comunicação direta.

Na rápida caracterização que fizemos do teatro infantil paulista na década de 1970, encontramos afinidades e pontos comuns entre a preocupação em observar o jogo da criança e incentivar sua iniciativa e o sistema de Spolin, que se originou em atividades de teatro realizadas com crianças.

Ao romper a relação autoritária e abandonar a pretensão de veicular uma tese, o artista adulto encontra no próprio universo infantil a matéria para a formulação do espetáculo. Essa transformação radical gerou necessariamente uma nova concepção de processo. Os conceitos tradicionais de direção, atuação, cenografia, como atividades compartimentadas deixaram de ter sentido, sendo substituídos pelo processo de descoberta realizado em grupo, onde o jogo de improvisação incorpora esses elementos numa criação orgânica. Enquanto o ator passa a participar da autoria do espetáculo, o papel do diretor pode ser qualificado como coordenador geral. A direção tradicional é substituída por propostas que favoreçam o surgimento da relação de jogo, base sobre a qual se constrói a montagem. Em muitos casos, o texto serve apenas como pretexto ou ponto de partida e o material da encenação é extraído do processo de pesquisa e da criação coletiva.

Nos depoimentos, verificamos que seus autores reconhecem no processo realizado com base nos Jogos Teatrais uma sistematização da sua prática. O sistema de Spolin veio ao encontro da necessidade de articular o processo de criação, fornecendo instrumentos para a condução do trabalho realizado em grupo e para a leitura do jogo cênico.

*6. GENOVEVA VISITA A ESCOLA
OU A GALINHA ASSADA*

genoveva visita a escola
ou
a galinha assada

de Madalena Freire.

Karin Mellone.

Antonio Carlos Rosa. Ingrid Koudela. M. Victoria Machado.

Cooperativa Paulista de Teatro.

A dicotomia adulto/criança foi objeto de análise do trabalho do Grupo Foco. O grupo, constituído principalmente por alunos do Setor de Teatro da Escola de Comunicações e Artes da USP, fez experiências práticas com o sistema de jogos teatrais durante os anos 1978 e 1979. Apresentou-se na Mostra de Arte da XV Bienal de São Paulo, com um projeto experimental, denominado *Genoveva Visita a Escola ou A Galinha Assada*.

O projeto surgiu da descoberta de um relatório de bimestre, dirigido aos pais da Escola Criarte. A preocupação da autora, Madalena Freire, que vinha desenvolvendo um trabalho com crianças da pré-escola, era mostrar a natureza do processo de aprendizagem, com um grupo de crianças de quatro anos (2º bimestre 1979).

A partir desse relatório, foi realizada uma série de *performances*, com as crianças que vinham visitar a Bienal aos sábados e domingos à tarde. O projeto foi coordenado por Karin Mellone e participamos do jogo no palco com Antonio Carlos Rosa e Maria Victoria Machado.

No cartaz-programa, confeccionado para a Mostra de Arte da XV Bienal, Madalena faz um depoimento da sua proposta pedagógica quando participava da equipe da Escola Criarte.

A formulação de que a busca do conhecimento é automotivada nos fez refletir sobre o que seria a recreação na pré-escola. Um descanso? O prazer como prêmio do dever cumprido? Mas como? Se a busca do conhecimento é uma necessidade, sua satisfação deveria ser compensação suficiente. Foi aí que percebemos a incoerência de oposição entre recreação e trabalho na pré-escola. O que se convencionou chamar recreação é a atividade livre, isto é, aquela organizada e desenvolvida pelo grupo de crianças, a partir de seus interesses imediatos.

Nossa experiência nos tem mostrado que existem condições mais adequadas para a busca do conhecimento. Porque as dificuldades que se colocam para a ação da criança são as reais – o brincar na verdade é o enfrentar dos desafios possíveis a cada momento.

A busca do conhecimento implica uma ação do indivíduo mobilizado pelas suas reais necessidades de apropriação e reconstrução da realidade. Ação esta que perde seu sentido e força quando o indivíduo que a exerce é alienado de seu comando. Quando se tira da criança a possibilidade de participar da decisão de quais elementos da realidade trabalhar, ela está sendo alienada da capacidade de conquistar o conhecimento. A escola em geral leva à ideia de que o conhecimento é doado, impedindo a criança de perceber que ela mesmo o constrói. A compreensão disto muda a natureza da ação pedagógica. O conhecimento deixa de ser propriedade e passa a ser o produto do trabalho em grupo. Ao professor, como membro do grupo, compete, por sua condição diferenciada, funcionar como animador e organizador. *A busca do conhecimento não é preparação para nada e sim vida aqui e agora.*

Identificamos no trabalho de Madalena o paradigma de uma pedagogia revolucionária, que percebe a "educação como prática de liberdade"*, onde a autoridade intelectual e moral é substituída pelo diálogo e pela investigação.

De acordo com o modelo epistemológico de Piaget, a criança tem uma relação dialética com a realidade. Nesta relação, ela cons-

---

* Ao lado do pensamento piagetiano, encontramos no trabalho de Madalena Freire influência de Paulo Freire, autor de *A Educação Como Prática de Liberdade*[1].
42. Paulo Freire, *A Educação como Prática de Liberdade*. Rio de Janeiro, Paz e Terra.

trói o conhecimento, "assimilando" os novos fenômenos aos seus "esquemas" existentes – as referências que possui para compreender coisas e acontecimentos. Ao mesmo tempo, ela "acomoda", ou ajusta, esses esquemas para incorporar observações e informações novas – tanto físicas como sociais. Nesse processo, a criança passa de uma construção da realidade "egocêntrica", ou subjetiva, para uma concepção da realidade descentrada do eu. O resultado da interação da criança com o ambiente é a estruturação do conhecimento. No pensamento de Piaget, o conhecimento é derivado da ação, através da qual a criança "transforma" a realidade para compreendê-la*.

O jogo e a imitação são funções afetivas, que servem para satisfazer as necessidades do eu. No jogo, a assimilação é preponderante e na imitação prevalece a acomodação e os modelos exteriores. Embora jogo e imitação não constituam formas de comportamento adaptado, são funções complementares para o desenvolvimento das operações lógicas do domínio cognitivo, pois, de acordo com o modelo piagetiano da gênese do conhecimento, a afetividade está intimamente relacionada com a cognição. Nesse sentido, jogo e imitação contribuem para o pensamento adaptado, nas suas formas mais avançadas.

Ao analisar como evolui a prática e a consciência da regra do jogo na criança, Piaget[43] distingue dois tipos de realidades – sociais e morais. A criança pequena não se preocupa com os parceiros de jogo, seu egocentrismo é pré-social em relação à

---

* O progresso da criança depende de alguns fatores: 1) experiência com objetos; 2) experiência social; 3) maturação – sendo que todas elas são submetidas ao funcionamento da "equilibração", que é o fator mais importante para o crescimento mental, na medida em que integra todos os outros.

O conhecimento é estruturado a partir do estabelecimento de esquemas progressivamente constituídos. Esses esquemas são formas de ação e de pensamento. Piaget considera que o desenvolvimento ocorre independentemente da escolarização, por exemplo, e que o exercício dos esquemas é o componente essencial para o desenvolvimento. Sua teoria é baseada no fenômeno biológico da adaptação, um processo que traduz para um referencial psicológico, que denomina "equilibração" e que é atingido por meio da assimilação e acomodação: a assimilação de novas informações dentro dos esquemas já existentes, equilibrada pela acomodação para absorver informação nova. Portanto, a criança se adapta à realidade, organizando as informações na forma de ação e de esquemas operatórios.

De acordo com a teoria da epistemologia genética de Piaget, a criança desde o nascimento até os doze anos de idade passa por quatro estádios de relacionamento ativo com o ambiente: 1) o estádio sensório-motor (nascimento até dois anos); 2) o estádio pré-operatório (dois a sete anos); 3) o estádio das operações concretas (de sete a onze anos); 4) o estádio das operações formais (que se inicia aproximadamente aos onze anos).

43. J. Piaget, *Le Jugement Moral Chez l'Enfant*.

cooperação da criança de mais idade. Entre os dois e os cinco anos, as crianças são conservadoras no domínio das regras. Elas se recusam a mudar as regras do jogo e consideram que qualquer modificação, mesmo aceita por todos, não é legítima. Nos exemplos mostrados por Piaget, as regras são consideradas sagradas e imutáveis, porque participam da autoridade paterna – inventar consiste em descobrir em si mesmo uma realidade eterna e preexistente; as inovações não são consideradas verdadeiras inovações.

No curso do desenvolvimento mental, o respeito unilateral tem um papel essencial: faz com que a criança aceite as obrigações transmitidas pelos pais, que é o grande fator de continuidade entre as gerações. À medida que as crianças se situam entre os pares, as pressões se tornam colaterais e as intervenções da razão levam à cooperação progressiva. As normas racionais e a reciprocidade das relações só podem se desenvolver através da cooperação.

A regra racional exige autonomia de consciência. Quando a cooperação substitui a coerção, a criança dissocia o eu do pensamento do outro. Quanto mais a criança cresce, menos sofre o prestígio dos mais velhos. Torna-se capaz de discutir em igualdade de condições e expor seus pontos de vista. A cooperação é portanto fator de personalidade.

Essas duas formas de respeito são sucessivas, mas qualitativamente diferentes. O respeito mútuo, ou a cooperação, jamais se realizarão completamente. São formas de equilíbrio ideais. O respeito mútuo aparece como condição necessária para a autonomia da consciência:

– do ponto de vista intelectual, libera a criança de opiniões impostas;

– do ponto de vista moral, substitui as normas da autoridade pela reciprocidade.

A partir da visão piagetiana, a intervenção educacional visa ao favorecimento do processo de cooperação, auxiliando a criança a ter um progresso cognitivo e afetivo, ao lhe dar oportunidades para atuar, interagir e manipular elementos da realidade, dentro de uma situação controlada. A cooperação implica o princípio democrático de funcionamento da vida social entre iguais.

No trabalho de Madalena Freire, encontramos um exemplo modelar de aplicação da teoria piagetiana. Seu relatório de bimestre realiza uma observação microscópica do processo de aprendizagem auto-iniciado pelo sujeito*.

---

* Os parênteses, onde são realizadas observações sobre o processo, são da autora.

Do relatório original de Madalena, foi selecionado pelo Grupo Foco o trecho que reproduzimos**, onde ela relata a experiência que teve com o grupo de crianças, a partir do seu objetivo educacional – a percepção do corpo:

- Hoje eu trouxe esse pintinho para a gente ver
& De que é feito esse pintinho?
- É de pelinho amarelo.
- Não, é de lã amarela.
& Esse pintinho é igual ao de verdade?
- Não, o de verdade tem pena.
& No meu sítio tem uma galinha que teve pintinhos; com as penas branquinhas.
- Ah, quer dizer que tem pinto que nasce com penas brancas e outros com penas amarelas? Como esse de brinquedo?
- Não, quando ele nasce a pena é bem amarelinha, como esse (de brinquedo), depois é que fica branca.
10 • Tem uns pintinhos no sítio que também são assim.
& Mas então, como que tem uma galinha na minha casa que tem penas marrom?
- (Silêncio)...
- Ah! mas é que tem galinha branca e galinha de outra cor, uai!
- É.
15 • É, sim...
& Todo mundo aqui tem galinha?
- Não!
- Eu só tenho no meu sitio.
- Eu tenho lá na minha casa em Figueiras.
20 • Eu não, eu moro num prédio, o zelador não deixa, ele briga!...
& E de onde saiu esses pintinhos lá do seu sítio?
- Do ovo. Ela botou o ovo lá no ninho e daí ele saiu do ovo.
& Na mesma hora o pintinho saiu?
- Não, ela teve que ficar sentada muito tempo...
25 & Chocando...
- É, e aí foi esquecendo o ovo e ele saiu...
& Vocês querem que eu traga uma galinha, amanhã, lá da minha casa?
- Ôba! Eu quero!
29 • Eu também!
  ....

Genoveva Visita a Escola

30 & Minha gente, esta (galinha) e a Genoveva!
- Olha... o bico dela! É fininho...
- É prá ela pegar os milhos do chão.
& E a gente tem bico?
- Não... a gente tem uma boca.
35 • Mas pode virar (fazer) "bico" também...
& Nosso sapo tem bico?

** Este relato faz parte do livro *A Paixão de Conhecer o Mundo*, de Madalena Freire, publicado pela Paz e Terra em 1983.

- Não (risos).
38 • Ele tem uma bocona que faz quach, quach...

        ....

- A boca é como um buraco...
& A gente tem outros buracos no corpo d'agente?
- Tem sim! Tem o nariz... um buraco, dois buracos...
- E o ouvido.
- Também tem dois buracos...
- E o cocô.
& Por onde sai o cocô?
- E por onde sai o xixi...
& Então quantos buracos são, vamos contar?
- Um, dois, três, quatro, cinco, seis etc.
- Ah, mas faltou um!
& Faltou? Qual?
- E por onde sai o nenem? Você não falou que não era do mesmo buraco do xixi, lembra?
& Você tem razão, faltou um mesmo, por onde sai o nenem, a vagina. Então na mulher são quantos buracos?
- Oito.
& E no homem?
55 • Sete.
    (aqui cantei alguns trechos da música de Caetano Velloso "são sete buracos", etc.)

        ....

56 • Que pena branquinha!
- Ela tem uns buraquinhos aqui... o que é isso, Madalena?
& O que é isso, minha gente?
- É o nariz! É o nariz!
60 • O olho dela é amarelo...
& Será que ela também tem ouvido?
- Tem sim! Senão ela não escuta o galo!
- Tá aqui, tá aqui! Achei! ...
- Olha! Ela abriu o bico.
65 & E o que tem lá dentro? Será que é igual a gente? Ela também tem dente?
- Deixa eu ver... Não ! Ela tem é uma língua! Uma língua!
& Língua?
- É sim! Eu também vi!!

        ....

& E o que é isso aqui? (abrindo as asas).
70 • É a asa dela. É igual (correspondente) o braço da gente.
- Só que ela não tem mão; nem dedo...
& E pé, tem?
- Tem sim.
- Não é pé, é pata.
75 & E a nossa cobra do museu, tem pata?
- Não!
& Mas então, como que ela anda?
- Se arrastando!
& Quem anda como cobra aqui?
    (mais que depressa dezessete cobras arrastando-se pelo chão...).
80 & E como Genoveva, quem consegue andar?

- Eu consigo, có, có, có!
- Có, có, có, có, có, có, có...
  (e cantamos a música do "Galo carijó")
....
& Vamos fazer a marca da pata dela?
- Vamos.
85 • Eu vou pegar o papel.
- Eu pego o lápis.
....
& Gozado, a pata dela, tem quantos dedos?
- Um, dois, três. Tem três.
& E a gente? Quantos dedos a gente tem?
90 • Cinco.
- Cinco numa mão e cinco na outra.
& E o pé? A gente também tem dedo?
- Tem sim, tem igual que na mão.
....
- Me dá o lápis que eu vou fazer a marca da minha mão.
95 & Essa parte da galinha está grudada aonde?
- Na perna dela, uai!
....
- Eu gosto de comer perna de galinha...
- Não é perna, é coxa de galinha!
& Onde que fica a coxa da galinha?
- (silêncio)
& A gente tem coxa?
- Tem! (risos)
- A coxa é aqui nesse mole (tocando a própria coxa).
- É...
105 • Depois da coxa vem o joelho e essa parte...
& A "canela".
- Canela? (risos).
- ... essa parte que gruda com o pé.
....
& O que é que tem embaixo dessas penas? (levantando e até puxando
  algumas penas)
110 • Tem pele.
& Pele? E a gente também tem pele?
- Tem sim!
- Ela (a galinha) tem pena (grudada na pele) e a gente tem cabelinho
  (passando a mão pelos cabelos e os pelos do braço)
....
- Olha ela se equilibrando numa perna só!
115 • Ah, eu também sei fazer isso !
- Eu também.
- Eu consigo...
& Mas quem consegue andar com uma perna só?
- Igual o saci...
120 • Eu vou um pouco mais caio logo...
- Consegui, consegui!!
- Descobri um jeito! anda segurando na mesa que a gente consegue...
& Boa! Quanto saci! Que equilíbrio!

....

& A galinha voa?

125 • Voa!
• Voa não, ela não é passarinho...
• Ela só voa um pouquinho, no chão...
• Eu já vi lá no meu sítio uma galinha dá uma voada e ficar lá em cima...

& Pois a Genoveva mesmo adora dormir em cima do puleiro dela, ela chega lá em cima voando... com as asas.

130 • É ela faz assim ó... (fazendo movimentos de subir e baixar os braços representando o ato de voar).

& Quem consegue fazer esse movimento de voar?
• É fácil... eu consigo.
• Eu também ó, ó, ó.
• Eu já vi um homem voando lá na televisão; ele fez uma asa prá ele e ia puxando um cordãozinho e voava!

& Puxa vida, ele mesmo construiu essa asa! Igual a gente na marcenaria, quando a gente faz, constrói, nossas espadas?

....

• Ela mexeu a cabeça igual a lagarta, da história que você contou, Madalena.
• É. Prá frente e prá trás...
• Ela tava falando SIM!

& E onde que está grudada a cabeça dela?

140 • No pescoço.

& E nossa cabeça, também?
• Também!
• Meu pescoço é fino.
• O teu é gordo...

145 & Vamos ver se a gente consegue cantar a música do mexe, mexe, mexendo com o pescoço? (para explorar o movimento circular e salientar bastante esta parte do corpo que antes era tão esquecida).

....

& Quem topa comer galinha assada amanhã?
• Eu!
• Eu!
• Eu, também ! ! !

....

A Galinha Assada

(Com a galinha assada pudemos trabalhar mais minuciosamente as partes do corpo, articulações e "o corpo por dentro"): ossos, sangue, veias, músculo e coração).

150 • Você trouxe o que a gente combinou prá fazer hoje?

& Trouxe sim!
• Ela trouxe! Ela trouxe a galinha!

(pusemos a galinha (o frango) no meio da roda e fomos observando quais as diferenças do frango morto com a Genoveva).

• Onde está a cabeça dela?

& Está aqui, mas eu não sei onde é o lugar dela, vocês lembram como que era com a Genoveva? (mostrando o pescoço juntamente com a cabeça) Onde ia cabeça?

116

(Meu objetivo com este encaminhamento foi ir compondo com as partes do frango que já estavam cortadas (cabeça + pescoço + corpo + pés) um "quebra-cabeças" onde as crianças fossem encontrando no corpo da galinha a parte correspondente que faltavam. Ao mesmo tempo ir encontrando no próprio corpo suas partes; o que resultou num jogo muito gozado, que relato no final.)

155 • Ia grudada aqui (mostrando o correspondente ao nosso tronco) nessa parte...
• Mas a Genoveva tinha pena... e essa não tem.
• Foi o homem, no açougue, que tirou.
• Ele cortou tudo com tesoura...
• Não, não foi assim não...
160 & Como foi então?
• Não sei...
• (silêncio).
• Tem que dar um banho nela... eu vi lá no sítio.
& De água quente ou fria?
165 • Acho que é quentinha porque senão ela sente frio, né?
& É ela sente frio e também porque com água quente as penas saem mais fácil.
....
& E essa parte aqui (os pés) aonde que vai?
• Aqui na perna, junto da coxa.
• Não é na coxa é aqui... (mostrando ao mesmo tempo no próprio corpo e no da galinha).
170 • Na canela (risos) não é Madá?
(Deste modo montamos o "quebra-cabeça" da galinha.)
....
& Vamos cortar as partes da galinha?
• Vamos!
• Oba, oba!
• Por que você dobra a perna dela prá partir? (cortar).
175 & Ah! isso é uma coisa muito importante... porque a gente consegue dobrar a perna? (todos dobrando e esticando as pernas...)
& O que parece quando a gente dobra a perna?
• O joelho.
& E quando a gente dobra o braço?
• Esse osso aqui pontudo...
180 & O cotovelo.
& E que outras partes a gente consegue dobrar?
• O dedo...
• A cabeça.
& Pois se a gente não tivesse essas partes (articulações) esses "ossos" meio mole que deixa a gente dobrar e esticar, como que a gente ia ficar?
185 • Tudo duro. Igual a história do boneco de madeira...
& É por isso que eu tenho que cortar a galinha, justamente, nessa parte em que o osso dobra.
....
• Chi! olha, tem um pouco de sangue aqui, nesse pedaço...
• "Nheco", eu tenho nojo!
• Pois eu não, eu até pego, ó...
190 • E eu também, parece tinta...

- E isso aí, azulzinho, o que é?

& O que é?

- É a veia!

- É sim ! É sim !

195 • Olha! vem ver! galinha também tem veia!!!

- Igual a gente aqui no braço.

- Eu já tirei sangue da veia…

(vale abrir um parênteses aqui para falar da importância das descobertas das crianças. E fundamental que as crianças tomem consciência que *elas* estão fazendo, conquistando, estão se apoderando do seu processo de conhecimento. E que o professor, igualmente, como elas, os dois, são sujeitos desse processo na busca do conhecimento. Daí o papel do professor não ser o de "dono da verdade", que chega e disserta sobre o "corpo e seu funcionamento", mas sim o de quem por maior experiência e maior sistematização organiza os dados, que observa de modo desorganizado, do objeto de conhecimento. No caso que descrevo: o corpo por dentro, a ser estudado. Quando digo que o professor também está estudando, buscando o conhecimento juntamente com as crianças, digo isso muito concretamente, pelo que estou vivendo com as crianças nas descobertas do "corpo por dentro". Realmente eu tive que parar e estudar anatomia para poder encaminhar, organizar nossas descobertas).

& Em que veia você tirou sangue? Em que lugar?

- Aqui no meu braço.

200 & A gente tem veias em outro lugar?

- (silêncio)

- Achei! Achei uma aqui na minha mão!

- Eu também! Bem atrás do meu dedo…

- Tem mais aqui pelo braço! Olha, olha, Madalena!

205 • Na cara dele! Eu tô vendo uma veia…

& Puxa vida ! ! Até na cara tem ! Mas prá que tanta veia?

- É pra passar o sangue !

- Tem pela perna também… !

- No pescoço!

210 & Tem em todo canto, veia, no corpo inteiro?

- Como uns canos…

& É, pelo corpo inteiro tem veia levando sangue… mas eu não sei prá onde…

(em certas ocasiões lanço perguntas que ficam no ar, para depois retomá-las).

....

- Olha que osso mais pontudo! Pode até cortar! Um perigo perigoso…

- Mas esse aqui é pequenininho… eu até consigo quebrar.

215 & A gente tem osso?

- Claro que tem!

& E se a gente não tivesse?

- (silêncio)

- A gente caía?

220 • Era, caía sim, porque…

& Porquê?

- Esqueci…

- Porque o osso é duro, ele aguenta a gente (o corpo).

- É, aguenta sim, viu Madalena, aguenta sim! …
225 • Esse osso meu aqui da perna… é que segura (que liga) o meu pé.
   & E no pé tem osso?
- Tem, tem sim!
- Até no dedo! É, até no dedo tem…
- Na cara também, tem no nariz…
230 • Olha esse osso de bola (tornozelo), parece um joelho pequeno!
   & Quem consegue sentar com o pé e a perna guardada? (de pernas cru-
   zadas, como em posição de ioga, para explorar a posição correta de
   alinhamento da espinha).
- Eu consigo!
- Eu também…
   & Pois vamos balançar prá cá e prá lá, prá, cá, prá lá.
235 • Como uma cadeira de balanço…
   & Isso mesmo!
- Eu tenho dois ossos no bumbum aqui… que quando a gente balança
   chega dói…
   & É mesmo! Eu também estou sentindo!
- Eu também, tenho!
240 • É mesmo…
   & Como será o nome dele?
- E osso tem nome (risos).
   & Tem! … mas eu não sei o nome desse. .
- Você não sabe?
245 & Não, não sei.
   & Eu tenho que estudar para descobrir (descobrir igual vocês) o nome
   desse osso…
- Quem descobrir vem e conta na hora da roda, né?
   . . . .
- O que é essa bolinha vermelha?
- Ah! É o coração!
250 • Lá em casa eu sempre como o coração da galinha… eu adoro!
- É tão pequenininho!
   & Todo mundo aqui tem coração?
- Tem! Se não tiver morre…
- O meu está batendo!
255 • O coração bate o tempo todo.
- É porque se para a gente morre, meu pai que falou, ele é médico!
- O meu também é!
- Minha mãe é que é…
- Um dia eu escutei meu coração…
260 & Como é que a gente escuta o coração?
- Com aquela coisa…
- O estetoscópio.
- É… que põe no ouvido e no coração e daí a gente escuta: tac, tac, tac.
   & Ah… se a gente tivesse um estetoscópio prá gente escutar nosso cora-
   ção… será que teu pai empresta?
   . . . .
265 • Manda um bilhete pro pai (todos) pedindo…
   & Boa ideia ! ! Vamos fazer isso mesmo !
   (Foi nessa hora que me deu o estalo! É aqui que os pais entram. Atra-
   vés do trabalho do dia a dia, do agora; pois os pais também estão no

119

mesmo processo – como educadores que são – de busca do conhecimento juntamente com as crianças.)

- Eu pego a caneta.
- Vou pegar o papel.
- Não, você não, toda vez é só você; agora sou eu.

270 & Como que a gente vai dizer no bilhete?
- A gente precisa do testocópio (estetoscópio).
- Para a gente escutar os sons do coração.
- E do corpo por dentro.

(e assim fomos redigindo... "Estamos precisando de um estetoscópio para a gente escutar... etc.) numa altura alguém falou:
- Mas meu pai não vai emprestar porque quebra.

275 & A gente vai deixar quebrar?
- Não ! A gente cuida bem direitinho...
& Então precisamos dizer isso no bilhete... "Nós vamos cuidar muito bem dele, não se preocupem..."

....

(Vale a pena ressaltar a alegria e a importância que deram à redação do bilhete, ao cuidado que tiveram em guardá-lo na lancheira,

277a para não perderem: "é pro pai e prá mãe... não pode perder". Cortadas todas as partes da galinha e temperada, levamos ao forno e quando ficou pronta, enquanto comíamos, fomos relembrando tudo que fizemos, como cortamos, qual as partes da galinha, etc. Foi aqui que surgiu o jogo de "cortar as partes da galinha", que consistiu em cada criança ir "cortando" – gesto simbólico de cortar – com a faca as partes da galinha. Cada criança era uma galinha.)

- Vou cortar a asa (o braço) e agora a outra asa...
- A coxa... a canela... o pé.

280 • A cabeça, o pescoço...
& Só ficou o tronco... (e ia passando a mão pelo tronco de cada um para ressaltar, de modo mais forte, o tronco, a espinha como eixo central do nosso corpo).

....

(no dia seguinte, da remessa do nosso bilhete, foi uma "chuva" de estetoscópio na sala...)

- Eu trouxe! Meu pai deixou trazer!
- Eu também trouxe! Olha o meu!

(Para uma criança de quatro anos o seu "corpo por dentro" é um mundo mágico, cheio de mistérios que ela não consegue, corretamente, entender. Foi partindo de um ruído real, dando umas batidinhas no estetoscópio ou pondo ele na mesa e batendo com o lápis, que começamos a trabalhar com o estetoscópio. Pois, caso contrário, escutar os sons do corpo, sem entender o funcionamento causa-efeito do estetoscópio, reforçaria essa visão mágica do mundo.)

- Não dá pra escutar assim... Tá muito barulho!

285 • Faz silêncio!
- É o "mundo do silêncio" agora...

("o mundo do silêncio" vem do trabalho de música, onde todas as portas e janelas são fechadas, onde ficamos na penumbra: aqui outro dado do pensamento pré-operatório, onde o mundo é "pensado" concretamente. Fazer silêncio total, apoiado numa situação concreta de fazer silêncio: – fechar todas as portas e janelas, simbolizando a noite, quando se faz silêncio, para "fazer o mundo do silêncio").

- Agora, escutei... bate igual (tem sempre o mesmo ritmo).
- Escutei, faz, tac, tac, toc, toc...
  (e os olhos brilhando... assim que escutavam as primeiras batidas!)
- O meu bate baixo...
  (Nos dias que se seguiram levei um osso de boi enorme, parte da perna para comparar com os da galinha que guardamos no museu, e com os que sentíamos no nosso corpo. Trouxe também um coração de boi, que causou espanto e admiração em todos...)

. . . .

290 • Que ossão grande !
- Esse boi era grandão...
- O osso de galinha era bem pequenininho.
& De que parte do boi será esse osso?
- É do joelho! Olha a bolona aqui!
295 • Ele fica assim, ó... (ficando de quatro e pondo o osso, correspondendo a uma das pernas).
& Será que tem alguma coisa, dentro desse osso?
- Será?...
- Me dá aqui que eu quebro ele no chão.
- Chi! Só serrando com serrote.
  (Depois de um grande esforço por parte de todos, cada um serrou um pouco e o osso ficou dividido ao meio...)
300 • Olha, tem uma massinha... Tem feito uma massinha branca!
- Feito um farelo de pão...
- Ai, eu não gosto...
& Com esse farelinho, essa massinha se faz uma sopa deliciosa... se chama tutano.

. . . .

(Enquanto observávamos o coração de boi, comparamos com o coração da galinha, redigimos mais um bilhete "pro pai e pra mãe" ...)
- Que grande!
305 • Ele (o coração) deve fazer um barulhão...
- O da galinha faz baixinho...
- O que é essas coisas feito um canudo (artérias).
& O que é?
- É a veia! É a veia do coração.
310 • É por onde vem o sangue...
& Ah! Então o sangue do corpo da gente vem até aqui no coração?
- É sim, vem e entra aqui nessa veiona...
& E como será o nosso coração? Será que é igual a esse?
- Não sei...
315 • Ah! não é grandão assim, não...
& Será que em casa tem algum retrato do coração? Vamos mandar um bilhete perguntando?
- Vamos!

. . . .

(Redigimos o nosso segundo bilhete: – "nós escutamos nosso coração e já vimos o coração da galinha e do boi mas a gente não sabe como é nosso coração; quem tem uma fotografia do nosso coração que a gente possa ver?" Aos poucos foram chegando foto de revistas, radiografias com um bilhete do pai, que provocou grande respeito, explicando... livros, sobre o coração e o funcionamento do corpo em geral. Atualmente estamos vendo, "estudando", estes materiais, mas o que já pude observar muito claramente *em todos*, como reflexo deste trabalho que estamos vivendo, é uma forte consciência do próprio corpo, suas partes, seus membros, que se revelam por exemplo no desenho da figura humana, com todas as partes do corpo bem salientes. Surgiu inclusive uma construção na areia, um grupo de cinco crianças, de uma figura humana gigantesca. A construção foi feita salientando o contorno do corpo com todas as suas partes.

...Voltando à sala relembrei o que vi no parque, dei uma folha de papel bastante comprida, e pedi para irem mostrando o que tínhamos visto na areia. Isto porque penso que é importante que as crianças *documentem* concretamente, e no caso através do desenho, suas experiências, suas vivências, *seu trabalho*. Este é um dado que o professor sempre desenvolveu para que elas próprias se organizem. E assim surgiu "nosso gigante": cada criança desenhou uma parte do gigante.)

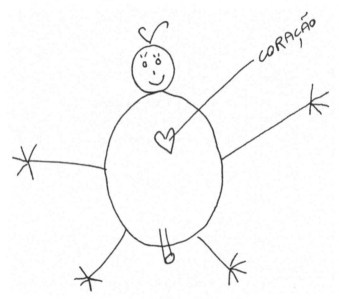

Concluindo, o que tenho observado, sentido nas crianças (e em mim), como reflexo do nosso trabalho, *é* um grande entusiasmo, os desafios sendo enfrentados com alegria e prazer.

O que nos dá a certeza de que a busca do conhecimento não é, para as crianças, preparação para nada, e sim *vida aqui e agora*.

No texto de Madalena, o encadeamento das ações não ocorre casualmente (para formar uma história), mas progride de tal maneira que cada momento contém virtualmente a motivação para o prosseguimento do processo de descoberta.

O professor explora e amplia o primeiro interesse trazido pelas crianças (pintinho de lã), que atrai a atenção de todos. Ele não contém o processo. É um membro do grupo e participa das descobertas, juntamente com as crianças. Sua função é orientar, através de perguntas que são lançadas para o grupo. As interrogações provocam o detalhamento das observações (176), estimulam o jogo (118), reafirmam o grupo (123), trazem propostas novas (146), propõem momentos de síntese das observações (311). Através da maiêutica, o professor desperta a curiosidade e trilha o imprevisto, penetrando o novo e ampliando fronteiras sem temor (para si mesmo inclusive), em função do objetivo do trabalho – a descoberta do corpo humano.

A galinha, trazida para a sala de aula, provoca a comparação com o próprio corpo. A pesquisa se atem nesse momento fundamentalmente à periferia do corpo (cabeça e membros), dando margem a uma ampla exploração de movimentos e à diferenciação entre a constituição física feminina e masculina.

O ato corriqueiro de criar galinhas, e comê-las, é explorado em função do objetivo, que é a pesquisa do corpo. Ao recortar a galinha morta, comparando-a com a galinha viva, nasce o conflito. A ideia de morte é abordada (153-166), volta a ser mencionada (187-190), sendo explicitada mais tarde (252-256) e desemboca no desenlace do conflito (287-289), que contém em si o significado, o valor e o prazer de viver – a descoberta de si mesmo como ser vivo. Essa descoberta é expressa simbolicamente na construção de areia e documentada através de um desenho coletivo, onde aparecem todos os detalhes do corpo humano.

A pesquisa do corpo se inicia portanto com a cabeça, atinge a periferia (membros), se condensa, para atingir o tronco (231-281), e finalmente passa pelas veias, para chegar ao coração (desenlace).

O professor é o propulsor do processo, que se inicia com a problematização de situações para o grupo (8-11), se revela no envolvimento emocional (parênteses após 55) e atinge o conflito, que significa não saber, estar aberto para o processo de aprendizagem (212) e é expresso conscientemente (237-246), encontrando o desenlace ao compartilhar com as crianças o caminho percorrido (311).

O Processo

A estrutura do sistema de Jogos Teatrais constituiu a base sobre a qual foi organizado o trabalho. A proposta do Grupo Foco não era a representação da história da galinha, mas o desenvolvimento do processo.

O objetivo experimental do projeto apresentado na XV Bienal está expresso no princípio do jogo teatral – "todos aqueles que estão envolvidos no teatro devem ter liberdade pessoal para experimentar"[44].

Genoveva Visita a Escola ou A Galinha Assada representa a tentativa de estender esse princípio para a relação com uma plateia de crianças. O trabalho era especificamente dirigido para a faixa etária que vai dos dois ou três aos cinco ou seis anos (que constitui a grande maioria do público que normalmente frequenta os espetáculos nos teatros do centro da cidade, nos fins de semana).

A proposta não pode ser analisada do ponto de vista do teatro infantil, no sentido estrito. Representa também a abertura de um novo espaço e vemos sua continuidade vinculada antes à pré--escola, como atividade de animação cultural, do que à forma do espetáculo teatral.

O texto foi dividido em "pulsações"*, que equivalem ao ritmo da cena no palco e traduzem os momentos de progressão da ação. Spolin concebe o teatro como um jogo, onde a progressão de ações se dá através de uma sucessão de crises. A crise marca o momento de transformação de uma situação ou forma. Em *Genoveva Visita a Escola*, as pulsações equivalem ao término de um jogo e ao início do próximo, sendo que o ritmo da cena não era fixo – as modificações, na marcação, e a participação da plateia provocavam fragmentações, que precisavam ser incorporadas.

Com o objetivo de possibilitar o treinamento dos jogadores dentro do ritmo rápido e leve da criança, o grupo elaborou durante o processo uma série de desenhos, que imediatamente tornavam presente determinada pulsação. Os desenhos, que reproduzimos, foram realizados pelos adultos, durante o processo, e serviram como índice da pulsação, auxiliando na memorização e acordo de grupo para a definição da passagem de uma pulsação a outra.

O campo de jogo era demarcado pelo limite entre as pulsações e pela estrutura do jogo teatral (Onde, Quem, O Que + Foco). O Foco era determinado pelas necessidades de cada cena (pulsação). A galinha era o Foco da cena em que Genoveva visita a escola, por exemplo (30-33). Trabalhamos com uma galinha viva, que era o objeto do jogo, e toda atenção era concentrada nela, motivo das ações improvisadas. A descoberta dos buracos do corpo (56-65) permitia uma série de jogos corporais, a partir do Foco nos orifícios (olhos, boca, nariz, ouvidos etc.). O Foco dava

---

44. V. Spolin, *Improvisação para o Teatro*. São Paulo, p. 12.

* No texto, encontramos o limite entre as pulsações, marcadas por uma linha pontilhada (..........).

a intenção da pulsação, ao mesmo tempo em que libertava o jogo de improvisação. Mais tarde, durante as apresentações, ficou claro que através do Foco nos objetos e nas partes do corpo que estavam sendo trabalhadas, a atenção das crianças era canalizada. Mesmo quando a plateia participava do jogo, o Foco permitia que os adultos orientassem o processo, incorporando a participação.

Embora o objetivo fosse abrir possibilidades para o imprevisto dentro do jogo de improvisação, ele aparecia através do gesto, da marcação, do ritmo ou na forma de desenhos e sons. As réplicas no texto foram mantidas na íntegra. Havia lápis e papel, máscaras e bonecos e um baú repleto de objetos, para ajudar a clarificar o texto. O cenário era constituído de folhas de papel em branco, que formavam painéis. No decorrer do trabalho, os jogadores faziam desenhos, de forma que também o cenário era um elemento de jogo.

O papel do professor foi abolido formalmente para o jogo de cena. Os jogadores não tinham papéis fixos e as réplicas do professor eram enunciadas alternadamente por qualquer um de nós, assumindo diversas funções, de acordo com a situação de jogo. Dessa forma, o discurso do texto era uma estrutura que de certa forma orientava a sequência de uma "história", mas não determinava as ações improvisadas no palco. Cada jogador era responsável por todas as réplicas e a decisão sobre o momento em que eram dadas surgia da relação de jogo, determinando o ritmo da cena. Durante o processo foi realizada uma série de exercícios que visavam impedir a tendência natural em fixar marcação e atividade de cena.

O processo foi inverso àquele normalmente utilizado em teatro, onde a caracterização da personagem e as necessidades da cena determinam elaboração no gesto. Os jogos objetivavam quebrar as resistências psicológicas e agir apenas a partir da percepção do presente, abandonando qualquer tendência à "interpretação". A meta era a descoberta do momento, a cada instante, na relação com a criança.

A Apresentação

O trabalho, apresentado no espaço de dança, no prédio da Bienal, iniciava-se com uma ambientação das crianças no espaço. Durante esse primeiro momento, era realizada uma série de jogos, individualmente ou em duplas, onde não havia Foco definido.

O início propriamente dito era marcado por uma grande bola vermelha, através da qual era estabelecida a relação com a plateia.

• Hoje eu trouxe esse pintinho para a gente ver!

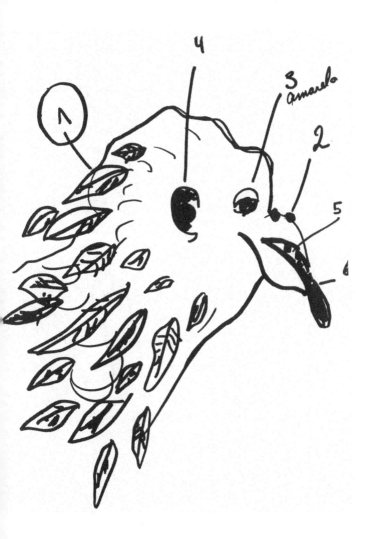

• Ela tem uns buraquinhos aqui... o que é isso?

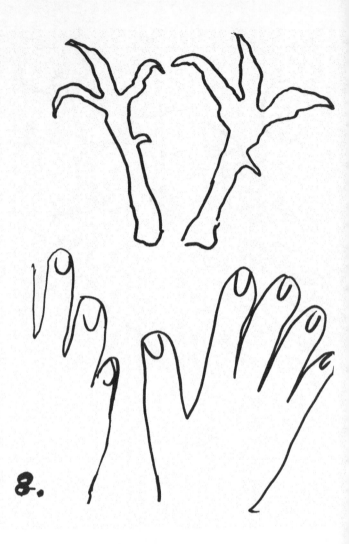

- Gozado, a pata dela, tem quantos dedos?
- Um, dois, três. Tem três.
& E a gente? Quantos dedos a gente tem?

- Ela mexeu com a cabeça, igual a lagarta!

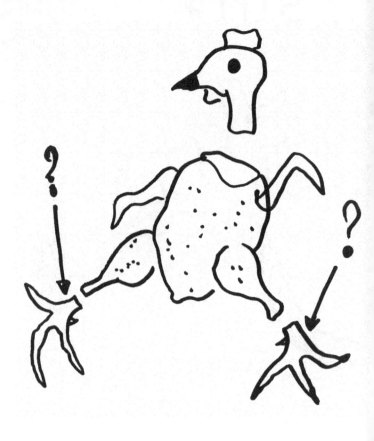

• E essa parte aqui, aonde vai?

O jogo de bola tinha participação e energia variada, de acordo com a plateia presente. Ela era arremessada da plateia para o palco, rolava até os pés de uma criança muito pequena, era devolvida ou escondida embaixo das poltronas. O tempo de duração oscilava de cinco a quinze minutos. Para centralizar a atenção novamente no palco, os adultos mantinham a bola em jogo entre si, até que fosse enunciada a primeira réplica do texto.

Com o objetivo de observar as reações da plateia durante a apresentação, foi realizado um registro, em três dias diferentes, por dois observadores. As observações do dia 9/12/79 foram feitas pelos dois observadores e as dos dias 15/12/79 e 22/12/79 por cada um dos observadores, em dias diferentes. Obtivemos os seguintes resultados*:

Observações do dia 09.12.79

Duração da apresentação: 30 minutos.
Número de crianças presentes: 12.

- Apenas uma criança permaneceu na frente – logo após também voltou para a plateia.
- Uma criança se aproximou, pegou o cordão (pintinho) e voltou. Ficou com o cordão na mão, mas prestando atenção.
- Uma criança falou: "Cinco dedos" (conversava a respeito), se levantava querendo participar, mas o pai a impedia.
- Uma criança olhou para seu próprio dedo – acompanhou os outros movimentos.
- Uma criança fez o movimento de balançar o tronco.
- A maioria das crianças respondeu (7 ou 8 crianças), completando a figura humana que estava sendo desenhada.
- No jogo de bola não houve contato com a plateia de crianças.
- Na hora da música, um garoto foi ao palco e pegou a cobra.
- Um pouco antes, disso, na hora da entrada da galinha, todos reagiram comentando verbalmente entre si.
- Primeira reação falada foi quando uma criança disse: "Três dedos" e outra, "A gente tem cinco dedos".
- Uma outra participação verbal; "Que dedo gozado!", comentando o desenho que estava sendo feito no chão.
- Na hora do "osso do bum-bum", alguns balançaram o tronco.
- Comentário na hora do coração, "E coração de gente?"

* As observações foram feitas por Eduardo Amos e Klessius Borges.

- Foi servido galinha assada para um elemento da plateia, que não aceitou.
- Na hora de completar o desenho da figura humana, a maioria ajudou através de sugestões de várias partes do corpo.

Observações do dia 15.12. 79

Duração do espetáculo: 35 minutos.
Número de crianças presentes: 6.

- Duas crianças participaram do jogo de bola no início.
- Primeira participação verbal foi na entrada da galinha: "Olha lá!", "A galinha", "É viva, mãe?", e outros comentários que foram impossíveis de serem ouvidos.
- Uma criança ficou interessada no "pintinho", que ficou pelo palco.
- Quatro crianças participaram do desenho do boneco através de sugestões.
- As crianças ficaram no palco, desenhando, após a apresentação.

Observações do dia 22.12.79

Duração do espetáculo: 45 minutos.
Número de crianças presentes: 20.

- Um grupo de 7 crianças estava brincando numa estrutura metálica antes do início da apresentação.
- Iniciado a apresentação o grupo continuou a brincar.
- Quatro crianças participaram da apresentação desde o início, ficando em volta dos atores o tempo todo.
- As crianças reagiram verbal e fisicamente na entrada da galinha em cena. Alguns comentavam e outros ficavam em volta da galinha.
- Depois de utilizarem a cobra, as crianças pegaram a cobra e ficaram brincando de cabo de guerra. As três crianças que brincaram de cabo de guerra tinham participado ativamente até então.
- Um grande número de crianças participou do desenho do final, desenhando a figura humana e dando sugestões.

É importante salientar a natureza da participação das crianças. Tanto ao nível do texto quanto ao do jogo realizado no palco, não havia apelos diretos que levassem a criança a tomar parte. Às vezes elas subiam ao palco e participavam. Outras permaneciam sentadas, acompanhando o jogo através de verbalização e movimentos. É evidente uma tendência a entrar no jogo, que se insinua algumas vezes no início mas é refreada, seja por causa de atitudes do adulto que acompanha a criança, seja por timidez dentro de um espaço desconhecido. A maioria passava a participar efetivamente no final, quando se fazia o desenho da figura humana. Com relação ao final, é interessante apontar que não havia aplausos. As crianças vinham para o palco e ficavam empenhadas em desenhar, explorar o espaço, examinar os adereços de cena. o ambiente era calmo nesse momento. As crianças iniciavam vários jogos, retomando os temas do texto. Os adultos na plateia permaneciam sentados, observando. Além da apresentação em si, que durava em média de 30 a 45 minutos, esse final durava até trinta minutos.

Como pode ser constatado nas fotos do trabalho e nos desenhos realizados pelas crianças, após a apresentação, o trabalho liberava a expressão das crianças. Identificamos símbolos que revelam como o conteúdo do texto era elaborado. Nos desenhos reaparecem as personagens da história (o pintinho, a galinha, o pássaro), os adereços de cena (a cesta, o estetoscópio, a bola, o cesto onde eram guardados os objetos). Os jogadores adultos (atores) são muitas vezes representados graficamente pelas crianças. Os órgãos sexuais aparecem e são depois riscados ou apagados do desenho, ou acompanhados de peças de roupa, como cuecas, no exemplo que reproduzimos. Essa resposta era constante no desenho da figura humana. Certa vez, apresentamos o trabalho para uma plateia constituída em sua maioria por adolescentes, onde, ao representar a figura humana, o jogo atingiu um clima hilariante. Foi formada uma barreira por quatro rapazes, que escondiam aquele que estava completando o desenho.

Genoveva Visita a Escola ou A Galinha Assada não significa ainda uma conclusão ou síntese para o sistema de Jogos Teatrais. Embora a estrutura do jogo e a filosofia do sistema tenham sido explorados, a ênfase foi dada ao aspecto educacional, sendo que era mais importante mostrar o processo. Nesse sentido, o trabalho cumpriu seus objetivos – representa a radicalização da proposta preocupada em respeitar a iniciativa do indivíduo no grupo, rompendo a relação autoritária adulto/ criança.

Acreditamos que também *Genoveva* seja um embrião. O texto de Madalena Freire é um documento valioso, que aponta para a possibilidade de reformulação no ensino da pré-escola. A divulgação da proposta pedagógica fundamentada na visão piagetiana seria uma continuidade natural do projeto apresentado na Bienal.

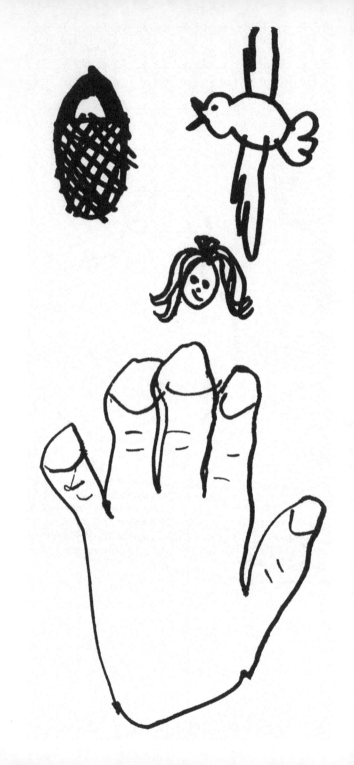

A GALINHA

ASS: Valéria de Paul

Daniela

7. CAMINHOS DO FAZ DE CONTA...

Vejo um caminho. Às vezes tortuoso, apontam curvas e trilhas sinuosas. De repente a estrada é larga para dar novamente em uma picada onde se torna necessário até abrir o caminho com a foice.

O verdadeiro sentido do Jogo Teatral vim a aprender com as professoras do Vale do Jequitinhonha durante o Festival de Inverno em Diamantina (MG), MEC em 1982; em Nova Lima (MG), participando do Projeto de Integração Escola-Comunidade do MEC em 1982, no I Encontro Nacional de Dramaturgia e Direção Teatrais (CONFENATA), em 1982; em Brasília, com as professoras no I Encontro Mogiano de Educação Pré-Escolar (SP), em julho de 1984. Nesses momentos a raiz do processo pôde ser retomada com toda a sua verdade. Ela está presente quando o passo da dança da quadrilha deixa de ser o ensaio mecânico de uma coreografia e adquire o seu, ritmo original espontâneo. Quando os versos da Barra manteiga na fuça da nega... Como era mesmo o final? ... são pronunciados até o fim porque a regra do jogo foi reestabelecida e todos os parceiros estão realmente envolvidos na ação lúdica. Quando a cultura deixa de ser transmissão passiva. As rimas, os versos, as cantigas, as danças, as histórias, as brincadeiras devem ser preservadas mas o sentido do processo é que garante a sua vitalidade.

Se procurarmos no Aurélio o termo "criatividade" não o encontraremos. Acharemos sinônimos para a palavra "criar": dar existência; tirar do nada; alimentar; sustentar (uma criança); amamentar; gerar; produzir; originar; inventar; instituir; fundar; educar; promover a procriação de; cultivar; adquirir; causar; fazer aparecer. Os sinônimos propõem um duplo sentido. De um lado, o verbo sugere uma ação imediata. Vejo a figura do mágico, de roupa negra, tirando o coelho da cartola. Ele faz aparecer o objeto no espaço. Mas o verbo também está associado a dar alimento, literalmente amamentar ou promover a procriação. O mágico passa a ser dotado de responsabilidade e de sua ação se exige continuidade. Também o mágico tem um procedimento. Passou por uma aprendizagem. A ideia de processo propõe uma maneira de operar, resolver ou ensinar. Um método – uma série ordenada de atos sucessivos. Isso exclui o mágico? Ou antes, visa surpreender o seu gesto?

Stanislavski escreveu o que ele mesmo denominou um "romance pedagógico". Através da negação dos artifícios e das falsas aparências da cena, o teatro é o momento do encontro com a verdade do ser humano. Em *Minha Vida na Arte* Stanislavski propõe que o teatro não é uma arte se não preencher a condição de questionar, incessantemente, seus próprios processos. Caso contrário, cai na categoria de um conjunto de efeitos convencionais ou se degrada como imitação pura e simples. Surge daí o grande projeto de Stanislavski. Segundo Nina Gourfinkel[45], a obra de Stanislavski deveria abranger oito volumes: *O Trabalho do Ator sobre si Mesmo, O Trabalho sobre a Personagem, A Passagem do Ator ao Estado Criador do Palco, A Arte de Representar* (a profissão propriamente dita), *A Arte do Encenador, A Opera* e, como conclusão *A Arte Revolucionária*. Essas obras seriam acompanhadas de um manual de exercícios *Treinamento e Disciplina*. Apenas o primeiro livro, *A Preparação do Ator* foi redigido por Stanislavski. O segundo, *A Construção da Personagem* ficou em notas, es-

---

45. N. Gourfinkel, *Constantin Stanislavski*, Coleção Le Théâtre et les jours 5, Paris: L'Arche, 1951, p. 183.

boços, fragmentos, que acabaram sendo reunidos e publicados bem mais tarde. Os outros não foram escritos.

É importante verificar as consequências. Os textos de Stanislávski propõem uma perspectiva de conjunto. Não são fragmentos rabiscados em função de uma direção de cena. A versão inglesa de *An Actor Prepares* apareceu nos Estados Unidos em 1936 e teve mais de cem mil exemplares vendidos. Esse livro foi considerado a reflexão de Stanislávski sobre o trabalho do ator. *A Construção da Personagem* só foi editado muito mais tarde. Criou-se a partir daí uma imagem de Stanislávski preocupado apenas com o "instrumento psíquico interior do ator". No Actors Studio essa imagem foi transformada em lei sob o nome de Método, convertendo exercícios stanislavskianos em psicodrama. Em *A Construção da Personagem* e em *A Criação do Papel* não se trata mais de pôr a vida afetiva do ator a serviço da personagem mas sim de dar uma forma cênica e visível a esta criação. A sinceridade não exclui o controle e a crítica.

Uma metade da alma do ator é absorvida pelo superobjetivo, pela linha de ação, pelo subtexto, pelas imagens interiores, elementos que concorrem para construir o estado de criação ativa. Mas a outra metade continua a funcionar segundo os métodos que lhes ensinei. Quando um ator interpreta, ele está dividido (...) É esta dupla existência, este equilíbrio entre a vida e a interpretação dramática que condiciona toda obra de arte[46].

Stanislávski dedicou os últimos anos de sua vida ao "método das ações físicas". É através da "vida corporal do papel" que se realiza a criação da personagem. O teatro solicita o olhar do espectador, sua emoção e seu julgamento. O processo de identificação psicológica não basta – cabe ao ator encarnar e mostrar a personagem.

Quanto mais a passagem da forma interior para a forma exterior for imediata, espontânea, viva, precisa, mais a compreensão da vida interior da personagem que vocês interpretam será, para o público, justa, ampla e plena. É para atingir este resultado que as peças foram escritas e que o teatro existe[47].

Algumas ideias-chave são essenciais para o entendimento do processo de Jogos Teatrais. A condição fundamental é a criação

---

46. C. Stanislávski, *A Construção da Personagem*, Rio de Janeiro: Ed. Civilização Brasileira, 1976.
47. Idem.

coletiva onde os jogadores fazem parte de um todo orgânico motivado pela ação lúdica. Aliada a essa condição está a eliminação dos papéis tradicionais aluno/professor, dicotomia superada pelo princípio de parceria a partir do qual é dissolvido o apelo da aprovação/desaprovação. Não existe certo/ errado, nem formas certas ou erradas para a cena. Cada cena é uma cena. O método das ações físicas propõe que o jogador saia de si mesmo e focalize o campo de jogo (espaço). É significativo que Viola* tenha substituído o termo "ponto de concentração" por "foco". O termo ponto de concentração sugere uma mente ausente da realidade, fixada em determinado pensamento. O processo é intelectual. Já o termo "foco" sugere energia, movimento. O jogador deve estar constantemente presente para o aqui/agora. Da mesma forma "relacionamento" é um termo estático e implica representação de papéis, enquanto "relação" é uma força em movimento. O termo "motivação", limitado e subjetivo, pois implica em ter uma razão para tudo, foi substituído por "integração". Da mesma forma não existe durante o processo ênfase em memorização, que também constitui uma habilidade intelectual. Quando o jogador lança a bola invisível (objeto no espaço) para o outro, a atividade torna visível a relação com o parceiro que recebe a bola.

A passagem do jogo dramático para o jogo teatral representa a transformação do egocentrismo em jogo socializado. O desenvolvimento progressivo do sentido de cooperação leva à autonomia da consciência, realizando a "revolução copérnica" que se processa no indivíduo, ao passar da relação de dependência para a de independência.

O processo de Jogos Teatrais visa efetivar a passagem do teatro concebido como ilusão para o teatro concebido como realidade cênica. A mesma revolução que ocorre com a criança em desenvolvimento pode ser acompanhada no processo de crescimento do indivíduo no palco. Traduzimos a transformação da subjetividade em objetividade no trabalho do ator quando ele compreende a diferença entre história e ação dramática. Ao "corporificar" (mostrar) o objeto (emoção ou personagem), ele abandona quadros de referência estáticos e se relaciona com os acontecimentos, em função da percepção objetiva do ambiente e das relações no jogo. O ajustamento da realidade a suposições pessoais é superado a partir do momento em que o jogador abandona a história de vida (psicodrama) e interioriza a função de

---

* *Improvisation for the Theatre* já está na sua 12ª edição nos Estados Unidos e foi atualizado, com um novo prefácio.

150

Foco, deixando de fazer imposições artificiais a si mesmo e permitindo que as ações surjam da relação com o parceiro.

Procuremos traduzir o princípio pelo discurso poético.

Mentira?
A mentira é uma verdade que se esqueceu de acontecer.
Mentiras.
Lili vive no mundo do faz-de-conta. Faz de conta que isto *é* um avião. *ZZZzzzzzzzun...* Depois aterrissou em pique e virou trem. Tuc tuc tuc tuc... Entrou pelo túnel chispando. Mas debaixo da mesa havia bandidos. Pum! Pum! Pum! Pum! O trem descarrilhou. E o mocinho? Meu Deus! Onde é que está o mocinho? No auge da confusão, levaram Lili para a cama, à força. E o trem ficou tristemente derribado no chão, fazendo de conta que era mesmo uma lata de sardinha[48].

Nós adultos, precisamos invocar a criança que existe dentro de nós quando jogamos o jogo teatral. Como disse Daniela Menezes (11 anos):

Na poesia a mentira (o faz de conta) é só a menina que sabe e ela sente como se fosse de verdade, no teatro é uma mentira que todos estão percebendo e sabem que é de mentira. E existe também uma mentira que faz os outros acreditarem que é de verdade.

Ou Thais Ramos Nucci (11 anos):

No faz de conta da poesia só a menina Lili que vive sua mentira e o tornar real do teatro todos sabem e participam da mentira que está sendo realizada no palco e que em poucas horas ou minutos termina e tudo volta para a realidade.

Vamos deixar que o jogo saia de debaixo da mesa e ajudar Lili a encontrar os seus parceiros?

---

48. M. Quintana, *Lili Inventa o Mundo*, Porto Alegre: Mercado Aberto, 1983.

BIBLIOGRAFIA

Documentos Sobre o Trabalho de Spolin

Durante o tempo de pesquisa realizado com o sistema de Jogos Teatrais, mantivemos uma correspondência com Spolin, que nos enviou documentos que demonstram a dimensão de importância que o sistema adquiriu nos Estados Unidos, nas duas últimas décadas.

O material, assim reunido, foi classificado:

1. Resenhas de *Improvisation for the Theatre*:

HESLER, Richard (Diretor do Departamento de Teatro da Northeastern Illinois University), 27 janeiro 1972.

PLATT, Alan. Theatre in the Group. *Education Guardian*, 3 julho 1973.

PRITNER, Calvin Lee (Diretor do Departamento de Teatro da Illinois State University), outubro 1971.

Revista *Filme Quaterly*, primavera-inverno, 1963.

STANISTREET, Grace M. (Diretora do Children's Centre for Creative Arts) da Adelphi University, New York.

2. Comentários publicados em revistas:

MARKUS, Thomas B. *Educational Theatre Journal*, maio 1972.
PRITNER, Calvin Lee. *Dramatics*, outubro 1971.
JOHNSTONE, Keith. Plays and Players, outubro, 1966.
STANISTREET, Grace M. *New Publications*, Hill, Florence, *Books*.

3. Artigo sobre a origem dos Jogos Teatrais e sua influência sobre o teatro de vanguarda norte-americano na década de 1960:

SWEET, Jeffrey. Star-Spawning Second City Marks 20th Anniversary, *Calendar*, 9 de dezembro de 1979.

4. Descrição de uma aula com Viola Spolin:

SHEWEY, Sandra. Spolin's Improvisational Technique Limores Up Casts of "Rhoda", "lovers", *Variety*, 12 dezembro 1974.

5. Depoimentos sobre a aplicação dos Jogos Teatrais no Teatro.

6. Depoimentos sobre a aplicação dos Jogos Teatrais na Educação.

7. Carta de Viola Spolin e Kolmus Greene sobre a tradução de *Improvisação para o Teatro*.

A Bibliografia Nacional

Anexamos o levantamento que fizemos da bibliografia nacional em Teatro-Educação. Embora os livros não tenham sido analisados no presente trabalho, constituem material importante para a identificação dos problemas que discutimos.

A escolha dos livros obedeceu aos seguintes critérios:

– os livros que tratam do trabalho de teatro realizado com a criança;
– os livros, em língua portuguesa, existentes no mercado.

Entre a bibliografia assim relacionada, encontramos quatro traduções, onze artigos e quinze livros*:

ABRAMOVICH, Fanny. *Teatricina*. Rio de Janeiro, MEC: Serviço Nacional de Teatro, 1979.
ARAÚJO, Hilton Carlos de. *Teatro Integrado, Experiências*. Rio de Janeiro: Ministério de Educação e Cultura, SNT (Cartilhas de Teatro, 8), 1976.
_____. *Educação Através do Teatro*. Rio de Janeiro: Editex, 1974.

* O levantamento parcial desta bibliografia foi publicado, na forma de resenhas, pela *Revista de Comunicações e Artes* n.° 7, 1977, p. 190-195 e *Revista de Comunicações e Artes*, n.° 8, 1979, p. 141-149.

BARCELOS, Helena. Desenvolvimento da Linguagem Teatral da Criança. *Revista de Teatro*, Guaíra: MEC, 1975, p. 30-34.

BENEDETTI, Lúcia. Teatro e Drama na Educação da Criança. *Educação*, Brasília: MEC, n.° 14, p. 9-18, 1974.

COELHO, Paulo. *O Teatro na Educação*. Rio de Janeiro: Forense Universitária, 1973.

COURTNEY, Richard. *Jogo, Teatro e Pensamento – As Bases Intelectuais do Teatro na Educação*. São Paulo: Perspectiva, 1981 (trad. de Karen Astrid Mueller Pinto e Silvana Garcia Saraiva).

DOMINGUEZ, José Antonio. *Teatro e Educação*. Rio de Janeiro: Serviço Nacional de Teatro, 1978.

_____. Possibilidades do Teatro como Processo Educativo. Revista *de Teatro*, Guaíra: MEC, 1975, p. 35-45.

DUTRA, Dilza Délia. *Teatro é Educação. O Teatro na Escola*. Porto Alegre: A Nação, 1973.

KOUDELA, Ingrid Dormien. "O Jogo Dramático como um Processo de Formação de Atitudes". In: *R Boletin Iberoamericano de Teatro para la Infância y la Juventud*. Madrid: E.E.T.I.J., 1973, p. 34-36.

_____. e outros, Teatro & Educação, *Comunicações e Artes*, São Paulo,: ECA/USP, n.° 7, 1977, p. 190-195.

_____. Teatro & Educação II. *Comunicações e Artes*, São Paulo: ECA/USP, n.° 8, 1978, p. 141-149.

_____. Teatro e Educação. *Palco + Plateia*, n.° 8, São Paulo, 1975, p. 30-35.

LEENHARDT, Pierre. *A Criança e a Expressão Dramática*. Lisboa: Estampa, 1974.

LEITE, Luiza Barreto e outros. *Teatro e Cultura*. Rio de Janeiro: Brasília, 1976.

LOPES, Aladyr Santos. *Atividades no l.° Grau*. Rio de Janeiro: Fundo de Cultura, 1973.

_____. *Jogos Dramáticos, Teatro no 1.° Grau*. Rio de Janeiro: Fundo de Cultura, 1973.

LOPES, Joana. Teatro, Educação Tridimensional. *Revista de Teatro*, Guaíra, MEC, 1975, p. 53-70.

_____. Pega *Teatro*. São Paulo, Edição do Autor, 1981.

MACHADO, Maria Claro e ROSMAN, Marta. *100 Jogos Dramáticos*. Rio de Janeiro: Industriais de Artes Gráficas Atlan Ed., 1971.

MICHALSKI, Yan. Teatro na Educação. *Educação*, Brasília: MEC, n.° 7, 1973, p. 76-83.

REVERBEL, Olga. *Técnicas Dramáticas Aplicadas à Escola*. Porto Alegre: Ed. do Brasil, 1974.

SANTOS, Amicy e outros. *Persona, o Teatro na Educação, o Teatro na Vida*. Rio de Janeiro: Eldorado, 1975.

SLADE, Peter. *O Jogo Dramático Infantil*. São Paulo: Summus, 1978. Tradução de Tatiana Belinky.

SPOLIN, Viola. *Improvisação para o Teatro*. São Paulo: Perspectiva, 1979. Tradução de Ingrid Dormien Koudela e Eduardo Amos.

VERGUEIRO, Maria Alice. O Teatro na Educação. *Comunicações e Artes*. São Paulo: ECA/USP, n.° 3, 1970, p. 59-79.

_____. Expressão Dramática na Escola. *Educação*, Brasília: MEC, n.° 10, 1973, p. 42-52.

_____. "Criatividade Dramática na Educação Formal de Crianças e Adolescentes. In: *I Boletin Iberoamericano de Teatro para la Infância y Ia Juventude*: Madrid: A.E.T.I.J., 1973, p. 41-61.

Teatro na Educação, subsídios para seu estudo. Ministério da Educação e Cultura, SNT, Departamento de Documentação e Divulgação (Cartilhas de Teatro, 1976).

Bibliografia Geral

AQUINO, Américo. *Lili Inventa o Mundo*. Porto Alegre: Ed. Mercado Aberto, 1983.

BARNFCELD, Gabriel. *Creative Drama in Schools*. London: Macmillan, 1968.

BLOOM, Benjamim. *Taxonomy of Educational Objectives, The Classification of Educational Goals*. New York: David Mac Kay Comp., 1964.

CASSIRER, Ernst. "Eidos un Eidolon. Das Problem des Schoenen und der Kunst in Platons Dialogen". *Vortraege der Bibliothek*, vol. 2 (Leipzig: B. G. Teubner, 1924), pt 1, p. 1-27.

COMBS, Charles. A Piagetian View of Creative Dramatics: Delimited, Adaptive Play and Imitation. *Children's Theatre Review*, vol. XXX, n.° 2, primavera 1981, p. 25-31.

DEWEY, John. "Educational Principles". *The Elementary School* (junho 1900).

_____. "Experience and Thiking". *Democracy and Education*, Macmillan, 1944.

EISNER, Elliot. *Educating Artistic Vision*. New York: Macmillan, 1972.

FURTH, Hans. *Piaget na Sala de Aula*. Rio de Janeiro: Forense, 1972.

FREIRE, Paulo. *A Educação como Prática de Liberdade*. Rio de Janeiro: Paz e Terra, 1967.

FREIRE, Madalena Weffort. *A Paixão de Conhecer o Mundo*. Rio, Paz e Terra, 1983.

KARIETH, E. "Creative Dramatics as an Aid in Developing Creative Thinking Abilities". Trabalho apresentado no Encontro sobre Experimental Research Theatre. *Educational Theatre Journal* (agosto, 1967).

LANGER, Susanne. *Filosofia em Nova Chave*. São Paulo, Perspectiva, 1971.

_____. *Ensaios Filosóficos*. São Paulo, Cultrix, 1971.

NAGLE, Jorge. *Educação e Sociedade na Primeira República*. São Paulo, EPU/EDUSP, 1974.

PIAGET, Jean. *A Formação do Símbolo na Criança*. Rio de Janeiro: Zahar, 1975.

_____. *Psicologia da Criança*. São Paulo: DEFEL, 1974.

_____. A Educação Artística e a Psicologia da Criança. *Revista de Pedagogia*, jan.-jul., 1966, ano XII, vol. XII, n.° 31, p. 137-139.

_____. *Le Jugement Moral chez l'Enfant*. Paris: Presses Universitaires de France, 1973.

PIQUETTE, Julia. "A Survey of the Contemporary Outlook Relative to the Teaching of Creative Dramatics as Evidenced in Selected Writings in the Fiels – 1929-1959". Dissertação de Doutoramento não publicada, Northwesterns University, Illinois, 1963.

PUPPO, Maria Lúcia de Souza Barros. *No Reino da Desigualdade*. Dissertação de Mestrado apresentada à Escola de Comunicações e Artes da USP, 1981.

SHAW, Ann Marie. *The Development of a Taxonomy of Educational Objectives in Creative Dramatics in the United States based on Selected Writtings in the Field*. Dissertação de Doutoramento não publicada, Columbia University, 1968.

SILVERMAN, Jan. Creative Drama and The Problem of Focus. *Children's Theatre Review*, vol. XXX, n.° 3, 1981, p. 1-2.

SIKS, Geraldine. An Appraisal of Creative Dramatics. *Educational Theatre Journal* (dez. 1965).

SLADE, Peter. *O Jogo Dramático Infantil*. São Paulo: Summus, 1978.

SPOLIN, Viola. *Improvisation for the Theatre*. Illinois: Northwestern University Press, 1963.

_____. *Improvisação para o Teatro*. São Paulo: Perspectiva, 1979.

_____. *Theater Game File*. St. Louis, CEMREL, 1975.

STANISLAVSKI, Constantin. *A Construção da Personagem*. Rio de Janeiro: Civilização Brasileira, 1976.

VIOLA, Ann. Drama With and For Children: An Interpretation of Terms. *Educational Theater Journal*, VIII, n.° 2 (maio 1956).

WARD, Winifred. *Playmaking With Children from Kindergarden to High-school*. New York: Appleton-Century-Crofts, 1957.

WAY, Brian. *Development Through Drama*. London: Longmans, 1967.

TEATRO NA PERSPECTIVA
A Arte do Ator e Teatro-Educação

Natureza e Sentido da Improvisação Teatral, Sandra Chacra (D183)
Jogos Teatrais, Ingrid Dormien Koudela (D189)
No Reino da Desigualdade, Maria Lúcia de Souza Barros Pupo (D244)
A Arte do Ator, Richard Boleslavski (D246)
Um Voo Brechtiano, Ingrid Dormien Koudela (D248)
Texto e Jogo, Ingrid Dormien Koudela (D271)
Para Trás e Para Frente, David Ball (D278)
Brecht na Pós-Modernidade, Ingrid Dormien Koudela (D281)
O Teatro do Corpo Manifesto: Teatro Físico, Lúcia Romano (D301)
Teatro com Meninos e Meninas de Rua, Marcia Pompeo Nogueira (D312)
40 Questões Para um Papel, Jurij Alschitz (D328)
Dramaturgia: A Construção da Personagem, Renata Pallottini (D330)
Caminhante, Não Há Caminhos. Só Rastros, Ana Cristina Colla (D331)
Ensaios de Atuação, Renato Ferracini (D332)
Improvisação para o Teatro, Viola Spolin (E062)
Jogo. Teatro & Pensamento, Richard Courtney (E076)
Sobre o Trabalho do Ator, Mauro Meiches e Silvia Fernandes (E103)
Brecht: Um Jogo de Aprendizagem, Ingrid Dormien Koudela (E117)
O Ator no Século XX, Odette Asian (E119)
O Ator Compositor, Matteo Bonfitto (E177)
Papel do Corpo no Corpo do Ator, Sônia Machado Azevedo (E184)
O Ator como Xamã, Gilberto Ide (E233)
Conversas sobre a Formação do Ator, Jacques Lassalle e Jean-Loup Rivière (E278)
Como Parar de Atuar, Harold Guskin (E303)
Entre o Ator e o Performer, Matteo Bonfitto (E316)
História Mundial do Teatro, Margot Berthold (LSC)
Dicionário de Teatro, Patrice Pavis (LSC)
Dicionário do Teatro Brasileiro: Temas Formas e Conceitos, J. Guinsburg, João Roberto Faria e Mariangela Alves de Lima (coords.) (LSC)
O Jogo Teatral no Livro do Diretor, Viola Spolin (LSC)
Jogos Teatrais na Sala de Aula: O Livro do Professor, Viola Spolin (LSC)
Jogos Teatrais: O Fichário de Viola Spolin, Viola Spolin (LSC)

Este livro foi impresso na cidade de Cotia,
nas oficinas da Meta Brasil,
para a Editora Perspectiva.